百部青少年爱国主义教育读本

共·和·国·英·模·系·列

# 新中国劳动楷模

## ——工农劳模卷

艳华　永亮◎编著

团结出版社
UNITY PRESS

**图书在版编目（CIP）数据**

新中国劳动楷模：工农劳模卷 / 艳华，永亮编著. -- 北京：团结出版社，2013.2（2021.6 重印）
（百部青少年爱国主义教育读本. 共和国英模系列）
ISBN 978-7-5126-1525-0

Ⅰ. ①新… Ⅱ. ①艳… ②永… Ⅲ. ①爱国主义教育 - 中国 - 青年读物 ②爱国主义教育 - 中国 - 少年读物Ⅳ. ①D647-49

中国版本图书馆 CIP 数据核字（2013）第 022891 号

**共和国英模系列·新中国劳动楷模——工农劳模卷**

出　版：团结出版社
（北京市东城区东皇城根南街 84 号　邮编：100006）
电　话：(010)65228880　65244790
E-mail：65244790@163.com
经　销：全国新华书店
印　制：三河市信达兴印刷有限公司

开　本：710×1000 毫米　1/16
印　张：11
字　数：140 千字
版　次：2013 年 3 月　第 1 版
印　次：2021 年 6 月　第 2 次印刷

书　号：ISBN 978-7-5126-1525-0
定　价：36.00 元

# 写在“百部青少年爱国主义教育读本”书前

中国人民大学中共党史系主任、博士生导师
中国中共党史人物研究会副会长
杨凤城

十年树木，百年树人。

对青少年进行爱国主义教育需要从长计议。今天的信息技术还在高速发展中，传播速度极为惊人，世界范围内的各种思想文化在人们的精神世界中相互激荡碰撞。弘扬和培育以爱国主义为核心的民族精神，是国民教育的重要任务，务必在精神文明建设过程中一以贯之，不容忽视，更不得有一丝松懈。

大处着眼，一个民族的精神必须适应时代发展的潮流，跟得上历史进程的趋势。小处着手，爱国主义教育尤其是对青少年的爱国主义教育工作，务必落实下来，落到实处，并且需要一个饶有兴味的形式呈现出来。惟其如此，爱国主义的精神气脉才能入乎眼耳，存乎心胸，真正成为个体生命的一部分。

中国人民百年来反对外来侵略和压迫，反抗腐朽统治，争取民族独立和解放，前赴后继，浴血奋斗的精神和业绩，可谓感天动地；中国共产党领导全国人民为建立新中国而英勇奋斗的崇高精神和光辉业绩，可与日月同辉。中国历史上尤其是中国近现代史上涌现出的著名爱国者、民族英雄、革命先烈和杰出人物，以及新中国成立以后涌现出的许许多多的英雄模范人物，他们是青少年爱国主义教育中最新鲜、最活泼、最具说服力的素材。

因此，对青少年推进行之有效的爱国主义教育，要突出和加强中国近现代史，尤其是中国共产党诞生之后的革命主题和红色主旋律的宣传。

“百部青少年爱国主义教育读本”系列丛书，以“弘扬红色主旋律”、“结合现实问题”为原则进行编写，紧紧围绕爱国主义教育的核心价值体系——爱党、爱祖国、爱社会主义，从历史到现实，从物质文明到精神文明，从自然风光到物产资源，对最广大的青少年进行丰富多彩、生动活泼的爱国主义教育，可谓正当其时，难能可贵。

眼前的系列读本，不禁让人眼前一亮，心生喜悦。编著者极力求其“真”——尊重史实的前提下，用生动活泼的语言讲述一个个真实可感的故事；尽力得其“趣”——饱含深情的语句让人物、事件在书中“活”了起来，“动”了起来，革命前辈的精神气息、信念品格扑面而来，感染着我们，感动着我们；竭力求其“美”——体例结构精心设计，又有大量珍贵历史图片资料作为辅助，更符合青少年的阅读习惯。一项项尽心尽力的创意和编辑工作，充分保证了这一系列读本的阅读价值。

寄望能通过快乐的阅读、有效的阅读，让孩子们的心灵之镜更明亮，让年轻一代的精神家园更加美好！

是为序。

2012年9月26日

# 目 录

Contents >>>

# “永远争先进、攀高峰”——马万水

没有党，就没有我马万水，就没有马万水小组。

——马万水

马万水，男，1923 年出生，河北深县人。1949 年 6 月到河北省张家口龙烟铁矿工作。1950 年入党。曾任河北龙烟铁矿“马万水小组”组长，并代表小组参加了全国劳动模范、战斗英雄大会，被授予全国劳动模范称号，受到了毛泽东主席、朱德委员长的亲切接见。1961 年 8 月 12 日，因患癌症在京逝世，时年 38 岁。2009 年，马万水被评为“100 位新中国成立以来感动中国人物”之一。

◎马万水

## 工人本色

1949 年的金秋十月，古老的北平城内礼炮声声，欢呼雀跃。10 月 1 日，在世界的瞩目下，新中国成立。

新中国成立后，恢复和推进经济逐渐被提上日程，劳动人民纷纷加入到建设祖国的大军之中。与煤炭打过交道的马万水也毅然离开了中英煤矿，积极投入到铁矿建设中。

◎张家口龙烟庞家堡铁矿厂旧照

当时，华北地区是重工业的基地，马万水只身赶往河北省张家口龙烟庞家堡铁矿，希望贡献一己之力，为祖国建设添砖加瓦。解放前，煤炭工人马万水被人称作是“煤黑子”，没日没夜地待在煤渣堆里，满身满手都是黑亮黑亮的，指甲缝里总是带着洗不净的煤黑。工作中，汗水从他的额头不断流下，冲刷着脸上附着的煤灰，留下一道又一道痕迹。如今，地位低下的“煤黑子”终于翻身，马万水脱掉了沾满煤黑的工作服，带着满腔热血来到庞家堡铁矿，他告诉自己要在这里大干一场，做出成绩。

解放之初，百废待兴。庞家堡铁矿早已“面目全非”，巷道的碎砖散落一地，只留下了废弃已久的矿山。马万水来到陌生的张家口，捏着皱巴巴的地址条，找了数遍才发现蒿草中的30号平巷口——庞家堡铁矿。面对荒草丛生的庞家堡铁矿，马万水毫不失望，因为他知道，这里将是自己事业的新起点。

重建矿山面临着很多困难，对于马万水和他的工友们来说是一个不小的考验。战争年代，矿山被敌人破坏得满目疮痍，久而久之，漫山遍野长满了半米高的蒿草。除此之外，所有的机器和工具都被敌人洗劫一空，庞家堡铁矿已经是有名无实。在这种情况下，一些年纪较小的工人开始长吁短叹，感到肩上的担子太重了。马万水看出了他们的困惑，便组织大伙谈心，交换想法和意见。他常说，团结就是力量，只要大家拧成一股绳，再大的困难也能克服。

在马万水的鼓励下，工人们重拾了建设的信心，并且集思广益，计划着重建庞家堡铁矿。马万水和工友们首先想到的办法是“变废为宝”。天刚蒙蒙亮，草地里的露水还未干，马万水就带领大家到草丛里寻找遗留下来的废旧零件。

工人们在大片的荒野中开始搜寻。马万水细心地提醒大家：“同志们，我们一定要珍惜找到的每一个细小的零件啊!”就这样，工人们从早到晚地寻找，哪怕是几根长短不一的钢钎或是小小的螺丝钉都留着。

一次，马万水在杂草里发现了几个又硬又黑的东西，仔细一看让他兴奋不已，原来是铁锤头。马万水灵机一动，想到，远处的几棵树应该能派上用场。于是，他走过去砍下几根粗细适中的树枝，劈劈削削几下就做好了一个锤子把，与锤子头稳稳地插在一起。如此一来，马万水又为建设庞家堡矿山增添了重要的劳动工具。

中午时分，工人们顶着似火的骄阳在矿山上找零件。为了缓解工友们的疲惫，马万水高声唱起劳动号子。听到嘹亮的劳动号子，大家伙的劳动热情也被带动了，欢笑伴着汗水，回荡在整座矿山上。

功夫不负有心人，经过几天的搜寻和整理，建设铁矿的劳动工具全都收集完毕。在马万水的带领下，工人们团结一致，像一支整装待发的队伍，为了建设祖国，迎接更大的挑战而时刻准备着。

马万水常说：“工人，艰苦朴素就是本色。”从中英煤矿到庞家堡铁矿，他就是带着工人那种吃苦耐劳，那份淳朴的本质，立志要把废弃的工厂搞活，要为祖国的建设出力，在荒野上开辟出新的天地。这就是真正的工人本色！

## 屡创新高

简陋的劳动工具，18 名年轻的工人，马万水开始了庞家堡铁矿的艰难创业。

当时，根据领导安排，马万水来到掘进五组担任组长，同时负责技术指导。掘进五组共有 18 名矿工，其中大多数并没有工作经历，面对艰巨的开矿任务，几个刚到矿山的小伙子开始有些犯怵。马万水找到那几位年轻人，给他们讲自己的工作经历，并把一些宝贵的工作经验传授给他们。

那时候，马万水也不过 20 多岁，从当煤矿工人时就干起活来干净利索，同时还练就了一口气连打 450 锤的绝活。既是绝活，自然不简单，每锤下去不偏不倚，数百下的工夫，马万水不但可以不间断，还能保证不换手。

得知马万水会砸锤的绝活后，工友们纷纷向他请教。马万水不厌其烦地告诉大家砸锤的要领，比如怎样抓得紧，锤子该怎么抡，如何用力等等。除此之外，他还手把手地教大家，让每个人都抡起大锤，实际操作一番。

矿工队里有几个身体强壮的小伙子，浑身有的是力气，却怎么也掌握不好砸锤的力道，常常一锤下去，不是砸得过重，就是“啪”的一声，把钎子崩得很远。马万水鼓励他们说：“没关系，多练习几次就能成功！”

于是，马万水亲自替矿工们把住钎子，让大家放心大胆地砸。那可是铁铸的锤子，抡起来再向下砸的重量增加了数倍，新上手的矿工第一锤就砸到了马万水的手，顿时，殷红的血淤积在整个手背。在场的人都吓坏了，特别是抡锤的矿工，握着锤子一动也不敢动。再看看马万水，抬起头，面带笑容地说：“不怕，不怕，继续招呼！”

其实，马万水的心里比谁都清楚，被铁锤砸一下有多疼，但是他更关心的是没有过硬的技术就不能开工，延误一天，将会影响整个铁矿的建设。为了尽快恢复庞家堡铁矿的生产，马万水紧紧地握住钎子，脱口而出：“来吧，继续砸！”

工人们早晚班工作，马万水却全天待在工厂，轮流为矿工们指导。说是指导，就是用被砸破的双手换来的技术。一次又一次的受伤，让马万水的手红肿得厉害，有时被砸得严重，还会皮开肉绽，可他却总是乐呵呵地说：“能帮助工友们练出过硬的技术，砸破皮，流点血，我心甘情愿啊。”

俗话说：火车跑得快，全靠车头带。马万水就像矿工队里的“火车头”，带领掘进五组全速前进。有了过硬的技术，工人们更是鼓足了劲儿，全身心地投入到生产建设中。

井下工作十分艰苦，空气里充满了潮湿的水气，阴冷的空气不断地侵入身体。在光线极暗的条件下，马万水和工友们硬是咬着牙坚持着。工作忙起来，他们就匆匆用饭伴着盐粒下咽。天黑了，马万水就在附近的土窑、破庙里过夜。日复一日，经过马万水和工友们的共同努力，废旧的庞家堡铁矿洗去了往日的尘埃，成为祖国建设中的一颗新星。

新中国成立的一年中，庞家堡铁矿的生产效率逐日递增。1950 年 6 月，马万水带领的掘进五组创造了全国黑色金属矿山掘进的首个纪录——手工月进 23.7 米。然而，好成绩并没有使马万水沾沾自喜，反而更加促使他向下一个纪录冲刺。

1954 年，马万水和他的掘进小组接到了一项非常艰巨的任务，开凿庞家堡第一平硐。时间紧，任务重，马万水挑起大梁，一边指导开工建设，一边计划打平硐的方法。依照先前的方法，应该在平硐先打出小巷道，然后再经过两次掘进，扩大为最终的大巷道。但是马万水就是有一股钻劲儿，希望突破之前的做法，研究出更快、更好的方案。

此后，马万水白天在工程现场赶工，晚上熬夜阅读相关书籍，理论与实践相结合，最终提出了“平巷一次推进”的方案。经过实际操作，马万水的方案成功了，不仅加快了工程进度，还创新了掘进方法。

在马万水看来，掘进的难题就是自己钻研的动力。此后，他把研究的重点放在了爆破方面。想要完美爆破，就需要从了解当地的岩石入手。马万水通过查询书本资料和实地考察，根据各种岩石的质地、断层和裂隙研究出了“中间楔形掏槽法”、“旁楔形掏槽法 99、66 稀眼深孔作业法”等十多种各有特色的“掏槽法”。在爆破创新的道路上，马万水算是走在了最前面，并且他所创造出的方法达到了极好的爆破效果。

1951 年，马万水带领掘进五组创造了全国掘进的新纪录——月进 5l 米。打破了由自己创造的成绩，马万水信心倍增，于 1955 年又摘得了月掘进 128.5 米的桂冠。接下来，马万水趁热打铁，带领掘进队在 1957 年内分别突破了 150 米和 170 米的大关，第二年，更是再一次创造了奇迹……

## 精神传承

1950 年 6 月，沉浸在喜悦中的马万水与工友们紧紧相拥，这一切正是为了庆祝他们共同取得的骄人成绩。掘进五组全体矿工在一个月内手工操作掘进石英岩的任务，最终以月进 23.7 米的成绩取得了全国黑色金属矿山掘进的第一名。50 年代初期，这样的成绩是前所未有的，

23.7 米，成为了全国掘进黑色金属的新纪录。23.7 米，是马万水和掘进五组矿工们永远铭记在心的数字，也是他们辛苦劳动换来的成果，同时，掘进五组也被正式命名为“马万水小组”。

成为冠军，必然要付出比别人多几倍的辛劳和汗水。在马万水的带领下，掘进小组成为了庞家堡的开矿先锋，蝉联了 10 年的全国黑色金属矿山掘进冠军。1952 年，马万水被提拔为队长，随后又成为第一届全国人民代表大会代表，他的劳动精神也得到了广泛宣扬。

除了要完成自己的本职工作外，马万水还要参加全国性的会议或是社会各项活动，无论外出多久，他回来后总要到工友们的家中走访，或是探望病号，还有一件雷打不动的事——进巷道。

1955 年底，为了顺利完成第一平硐的贯通任务，时任采矿部副主任的马万水亲自开钻打眼儿，下井赶工。实在困得睁不开眼睛，就在机房的角落里睡一小会儿，吃不上一口热饭的他却从不抱怨。心系工地的马万水在工程最艰难的时候没有离开，甚至爱人分娩，他都没有提出上井去看一看。接连三个昼夜，平硐成功贯通，马万水一颗悬着的心才踏实下来。

几年来，马万水从没离开过自己一手带出来的掘进小组，遇到任何问题他总会亲力亲为。可以说，“马万水小组”是马万水的另一个家，也是“马万水精神”的最好传承。想起当年开巷道时浸透全身的模样，马万水与工友们相视一笑，曾经吃过的苦，回味起来竟然有一抹甜。

1961 年的马万水已经荣升为井巷公司的副经理，然而，他仍然带着严重的腿疾坚持在工作一线。马万水的身影总是出现在最需要他的地方。强将手下无弱兵，在马万水的带领下，掘进小组又攻克了断层难关，接二连三地创造了掘进新纪录。

就在各种荣耀和表彰接踵而来的时候，马万水却因病住院了。令人惋惜的是，他患上了三期矽肺和骨癌。马万水在弥留之际说出了最后的遗愿："回去转告小组和同志们，要永远争先进，把党交给咱的红旗保住。"字里行间，依然带着工人的质朴和劳动的决心。

谁都没能改变这不幸的结局，工友们含泪送走了他们的领头人，发誓要把马万水的精神发扬光大，把老队长树起的红旗传下去。如今，"马万水小组"已改建为"马万水工程队"。在祖国建设的浪潮中，"马万水工程队"又随着华北冶金矿建公司离开了龙烟矿，转战他方。

俗话说，铁打的军营流水的兵，"马万水工程队"的队员们常换常新，却人人争当"马万水精神"的传承人。"三条麻袋轮着披，六双胶鞋换着穿，手抡大锤干革命"，这三句话已经成为"马万水工程队"永不褪色的精神。无论在多么艰苦的环境下，"马万水工程队"总会高喊着"红旗不能倒，荣誉不能丢，建一流队伍，创一流业绩"的口号，攻克重重难关。

在一次施工期间，"马万水工程队"遭遇了塌方之险，全体队员团结一致，发扬艰苦奋斗、永不服输的精神，坚守在第一线，最终战胜了塌方，既挽回了国家损失，又保证了主平硐的顺利贯通。"马万水工程队"抢险的一幕幕被鞍山设计院的高级工程师看在眼里，他深深地感慨道："50 年代我与马万水小组打过交道，没想到 90 年代，这支队伍仍是当年那股劲，不愧为冶金战线开发矿业的英雄队伍。"

从 50 年代到 90 年代，国家经历了将近半个世纪的变迁，"马万水工程队"始终传承着马万水"永远争先进、攀高峰"的精神，十年如一日地工作在第一线。"马万水工程队"的队伍在不断壮大，成绩突出，自 80 年代起，就已囊括了全国施工企业先进集体、全国五一劳动奖状以及河北省先基层党组织等，一系列光荣称号。"马万水精神"在这一路坎坷中作为工程队队员信念和决心的支柱，被一代又一代的矿工们薪火传承。

## 荣归故乡

马万水走了，马万水工程队还在；马万水走了，他的精神还在。1961 年 8 月 12 日，马万水在北京病逝。50 年后，2011 年 8 月 10 日，红绸徐徐落下，全国劳模马万水的工人塑像呈现在众人眼前。这里的父老乡亲，这里的老战友、新矿工都在期盼着这一刻，盼着矿山英模的英灵荣归故里。

在“纪念英雄马万水逝世 50 周年”、“弘扬马万水精神，打造钢铁粮仓”的条幅下，是一尊高达 3.6 米的马万水塑像，由龙烟铁矿的铁精粉熔铸而成，取“钢铁之人”之意。身着工作服，头戴矿工帽，人们仿佛又见到了充满劳动热情的马万水，他仿佛在眺望着整个矿区。

赞美声声：

> “50 年光阴荏苒，如今他再回故乡，其实他一直属于我们，从来未曾离开过龙烟铁矿和我们的思念……50 年前，矿山英雄马万水永远离开了他心爱的矿山和与他并肩奋战的工友，今天，我们在他拼搏战斗过的龙烟矿区为他塑像建馆，既是对他在天之灵的祭奠，更是对他光辉精神的弘扬。因为有了龙烟铁矿，河（北）钢（业）集团矿业公司的历史便有了百年积淀和韵律；因为有了马万水精神，负重爬坡、实干的创业人，便有了更加坚硬的脊梁，更加自信的脚步，更加勇敢的担当……让我们扛起弘扬马万水精神、打造钢铁粮仓的旗帜，向着精锐矿山、绿色矿山、和谐矿山负重爬坡、披荆前进。”

◎马万水纪念馆

一字一句，都体现了龙烟人对马万水的崇敬之情、怀念之情，这同时也是新的龙烟矿山人对马万水等老一辈矿山英雄们的承诺。

仰望塑像，拾级而上，共计38级台阶，象征了马万水短暂而又辉煌的人生。在马万水的塑像前，有10位矿工受到了表彰，其中一位来自龙烟矿唐山滦县司家营铁矿的浮选工刘志军，在获得表彰后激动地说："我很荣幸在马万水的塑像下受表彰，我们河北钢铁矿山公司组建三年来，一直把马万水精神当作企业精神，我要以英雄为榜样更加努力地工作。"

马万水塑像的后方，正是最新建成的马万水展览馆。展览馆由四个部分组成，分别介绍了龙烟铁矿的百年历史，马万水的丰功伟绩，河北钢铁集团矿业公司3年的发展历程以及前景展望。

矿山之魂，荣归故乡。马万水的塑像在河北钢铁集团矿业公司龙烟矿山分公司的广场上落成，马万水的夫人张淑云、家人以及曾经一起工作的战友出席了落成仪式。早在马万水逝世30周年之际，马万水工程队的老队员们就自豪地说："老队长，你树起的红旗我们保住了，我们还要一代一代传下去!"

眼前，矿山已经发生了翻天覆地的变化，作为矿山人的代表，马万水的精神带动了一批又一批"马万水式的矿山人"，他将永远地注视着用铁锤和钢钎建造出的矿区，守护着这一片沃土。

# 从“砍树大王”到“植树模范”——马永顺

我这匹“马”不算老，还能“拉套”。我只要还能动弹，就要上山造林，为实现青山常在，绿水长流，多栽几棵树！

——马永顺

马永顺，男，1914 年出生，天津市人，中共党员。1956 年、1959 年两次出席全国先进生产者代表会议。1998 年，荣获联合国环境规划署嘉奖。1999 年，获得全国“五一”劳动奖章和“全国十大绿化标兵”称号。2000 年 2 月 10 日，马永顺因心脏病突发在黑龙江省铁力市去世，终年 87 岁。2009 年，马永顺被评为“100 位新中国成立以来感动中国人物”之一。

◎马永顺

## 伐木能手

气候寒冷的东北地区，自然资源丰富、风景优美，不乏森林、草原、湿地等景观。其中，以大、小兴安岭、长白山地和松嫩平原等地区最为著名。出生在天津的马永顺早在 1937 年就来到黑龙江省的小兴安岭地区。小兴安岭是中国主要林区之一，木材蓄积量极大，诸如红松、鱼鳞松、水曲柳、椴树、兴安落叶松、白桦等珍贵的木材树种都

◎美丽的小兴安岭

集中在此。然而，这样一片郁郁葱葱、绿浪翻涌的大森林曾被称作是“绿色监狱”。绿色和监狱怎么会挂上钩？原来，因为日寇的侵占，像马永顺这样的伐木工人才会被关押在所谓的“绿色监狱”，受尽压迫，过着暗无天日的生活。

东北解放后，马永顺和工友们终于恢复自由、重见天日。获得“新生”的马永顺没有离开小兴安岭，而是成为了新中国第一代林业工人，小兴安岭就是他的“工厂”。

全面内战爆发后，人民解放战争愈演愈烈。工作在小兴安岭的马永顺等一批伐木工人高喊着口号“一切为了前线”，加班加点地砍伐树木，为不断供给战事所需。晚上的林海深处传来“咔咔”的拉锯声，月光穿过树叶的间隙照在长长的锯片上，时而反射到工人们的脸上。林业局长前来看望大家的工作情况，在走访了一圈之后，来到马永顺身旁，说：“现在前方战事紧张，需要大量的木材，咱们后方的建设

一定要跟上，你要给大家起个模范带头作用啊！”马永顺擦了擦额头的汗，认真地回答：“放心吧，我一定带个好头！”

当天夜里，马永顺无心睡眠，心里不断琢磨着如何提高伐木数量，并立誓要伐木1000立方米。没错，这就是马永顺在一个采伐期内给自己定下的目标。第二天清早，马永顺就请人帮忙写好了倡议书，提倡全体工友共同努力，为解放全中国出一份力，并提出“战争打到哪里，木材就支援到哪里”的口号。同时，马永顺还把自己定好的目标公之于众，一是希望大家监督自己的成果，二是为了激发工友们生产动力。

那时，采伐工人们会在每年的九月进山伐木，一待就是大半年，直到次年的春天才下山。在山上工作条件艰苦，缺乏各种生活用品，甚至连住所都是在朝阳的山坡上挖一个大洞。为了能够御寒，工人们在洞周围用木头搭起架子，上面盖上土做成“地窨子”，相当于一个简陋的地下室。

入冬后，小兴安岭地区常常是冰雪交加，一场雪甚至能下整整一周，气温也随之骤降到零下三四十度左右。漆黑的“地窨子”阴冷潮湿，凛冽的北风在洞口呼啸而过。工人们用铁桶改成一个火炉，放在洞中央，大家伙挤在一个大通铺上取暖。天刚蒙蒙亮，马永顺第一个扛起伐木工具，迎着刺骨的西北风朝着采伐地点走去。

银装素裹的小兴安岭寂静无声，及膝的积雪已经覆盖了马永顺的双脚，他艰难地前行在一棵棵参天大树中间。到达采伐地点后，马永顺伸展开健硕的臂膀，一双粗壮有力的大手紧紧地握住冰冷的大锯，跪在地上，照准树干使劲儿拉动，“哧哧”几声响，锋利的锯齿便嵌进了树皮。风吹不止，锯末经常飞溅到马永顺的眼睛里，刺得生疼。他顾不得松手，只用胳膊蹭了蹭眼角，继续拉动大锯。

一会儿工夫，整棵大树已经被锯了多半，而马永顺也早已大汗淋漓，棉衣棉裤都被汗水浸湿了。他摘下棉帽子扔在一旁，头顶上立刻升腾起泛白的热气。寒风吹过，马永顺不禁打了几个冷颤……他大口地呼着气，喊起“顺山倒”、“迎山倒”的劳动号子。“咔咔”几声，树干朝一侧倒下。马永顺深深地叹了一口气，总算可以休息一下了，但是，此刻想要起身就十分困难了。马永顺的棉衣棉裤里面潮湿一片，外面一层已经冻上了，坚硬得就像古时候的铠甲。他只能握紧拳头，照着膝盖用力地砸上几下，等到衣服恢复松软再站起来。

跪在地上不停地拉拽大锯，这不是谁都能坚持下来的工作，可马永顺偏偏有一股韧劲儿，他不但坚持这样工作，还努力加快砍伐的速度。为了减少从住处到采伐地点的往返时间，马永顺带着干粮上山伐木。山里的伙食并不好，高粱米做的饭团子就算是一顿饭了，冰山雪地里，即便是刚热好的黄豆汤也会很快变成冰坨。马永顺经常是一边拉锯，一边咬一口硬邦邦的饭团子，渴了就伸手抓一把雪放进嘴里，顾不上擦净嘴角，就又“呼哧呼哧”地拉锯伐木……

转眼，一个采伐期过去了。马永顺的不懈努力，换来的是采伐1200立方米，日产22.5立方米木材的骄人成绩。令人难以想象的是，马永顺完成的工作量竟然相当于同时期六个伐木工人的完成总量。如此惊人的工作量，使马永顺成为了小兴安岭林区，乃至全国林区的手工伐木能手。

在黑龙江省林务局召开的劳动模范表彰大会上，马永顺一脸朴实，略带紧张地说了一句“我叫马永顺，采伐了1200立方米”。简单的一句话，没有任何修饰，迎来的却是雷鸣般的掌声。“伐木能手”，马永顺当之无愧！

## 林海红旗

在人们眼里，看不到马永顺因荣誉加身而带来的自满，只有那埋头苦干的身躯。即便是担任了“马永顺小组”的组长，他也一如既往地工作，任劳任怨。在担任组长期间，马永顺意识到，除了在工作中积极劳动、甘愿付出，还要在理论上下苦工，有了好成绩，就要在此基础上更上一层楼。

在马永顺的心里，绿林深处不仅是工作的地方，更是祖国建设的重要支柱，他要向老一辈革命者学习，把胜利的红旗树立在小兴安岭这块广袤的森林之中。在接到新的任务之后，马永顺一边投入实际工作，一边细心观察，寻找伐木工作中存在的问题。他发现，伐木工人锯树的时候都是单膝跪地，距离地面一般都在六七十公分左右，夏天如此，冬天积雪厚，留下来的树根还要更高一些。这样下去，会严重浪费有限的木材资源。针对这一问题，马永顺率先在小组内实行降低伐根的举措。

“降低伐根”，这对于多年从事伐木工作的老工人来说是一道过不去的坎儿。他们满心不解，最开始并不支持马永顺的做法，纷纷提出：“小兴安岭那么广阔，有数不清的树木，少锯一些并不算浪费。”马永顺耐心地听了大家的想法，在心里也算了一笔账：这里的树，棵棵都是百十米高，要从小树长成栋梁，少说也要几十年，甚至要上百年，伐木时每棵树节约六七十公分，加起来的数量不可小觑。

马永顺把心里的想法说了出来，给大家把道理讲明、讲透。这样一来，“降低伐根”的方法得到了“马永顺小组”全体组员的一致同意。

说干就干，马永顺做出表率。冬季伐木，他铲走树根周围厚厚的积雪，拔掉一旁的蒿草，单腿支撑着身体，与冰冷的地面贴得很近，手握钢锯，挨着树根的部位开始“哧哧”地拉锯。经过马永顺的实际操作，再次伐木的高度已经从六七十公分降至十公分以下，有的甚至仅有两三公分，几乎与地面齐平。在马永顺的带动下，工友们开始按照“降低伐根”的方法砍伐树木，为国家节约了大量的珍贵木材。

干劲儿越足，生产效率提高得越快。然而，随着伐木速度的提升，安全隐患也随之暴露出来。大家你追我赶地砍树、运树，一环扣一环，节奏忙碌而有序。然而，伐木地点也常常出现工人被砍倒的树枝划伤，砸倒，甚至丧命的情况。这些问题的发生，使马永顺很快想到：光靠一股子蛮力是不行的，还要改进伐木方法，避免类似情况再次发生。

要做到安全伐木，就要能够控制好树木倾倒的方向。马永顺把伐木时常用的几个方法，如“大抹头”、“元宝碴”等逐一进行比较，找到各个方法的优缺点并进行统筹。除此之外，他还利用手边的一切工具，如筷子、树枝、小刀等，模拟伐木时的场景。每天晚饭后，马永顺都会借着火苗的光亮，边比划边画图，进行详细记录。

两个月过去了，草图已经打成了捆，马永顺的用心终于取得了成效。通过从各个伐木方法中总结的经验，他研究出了六个伐木基本动作。伐木过程中按照六个基本动作执行，就能够减缓树木倾倒的速度，掌控树木倾倒的方向。如此一来，既能够保障伐木工人的安全，又能有效地避免砸伤周边的树苗，形成了高效可行的“安全伐木法”。

“安全伐木法”很快在东北林区推广开来，伐木工人们最担心的安全问题终于解决了，他们撒开膀子，再无顾忌地投入到紧张忙碌的伐木工作中，不断更新伐木数量。同时，马永顺也再接再厉，计划在大锯上“做文章”。

最早，工人们常用的伐木工具是长条形，扁平的大锯。这种工具单人使用起来颇费工夫，于是大家想到了双人合作，锯的两头各站一个人，进行“拉大锯，扯大锯”，也就是伐木工人俗称的“快马子”。这样一来，看似省力，却无形中占用了人力，降低了工作效率。于是，马永顺向领导申请，把原来的“快马子”一截两段，做成弯把子锯。这样一来，原来的大锯变小锯，携带更方便，操作更灵活，使用更省力，最主要的是提高了安全系数，加大了伐木产量。

马永顺长年累月与树木打交道，把全部心思都投入到这片生机盎然的森林中，就连各个树种在季节变化中的状态都已经摸清了。春、

夏、秋、冬四季更替，树木的软硬、干湿程度不尽相同，需要根据情况采取不同的伐木方法。意识到这一点后，马永顺认真地做了记录，并归结出“四季锉锯法”，也就是说，在不同的季节要借助“巧劲”伐木，既省力又出效率。

此后，伐木工人们把“安全伐木法”和“四季锉锯法”相结合，使劳动生产率一下子提高到35%以上。马永顺的这几项改造，可谓是空前绝后，大大推进了伐木领域的技术革新，为小兴安岭林区乃至全国的林业事业树起了一座不朽的丰碑。

马永顺为小兴安岭做出的贡献太多了，他热爱这片土地，把一颗火热的心都放在了这里；他更像是绿色林海中的一面锦旗，象征着汗水和荣誉，飘扬在千万公顷的林区。对于这一切，马永顺只想说四个字——无怨无悔。

## “还债”

在小兴安岭地区，提起马永顺的名字，可以说是无人不知，无人不晓。他在伐木领域所取得的成就至今让人赞不绝口。当然，作为中国第一代林业工人，马永顺所做出的贡献还远远不止在伐木这一个方面。对于他来说，之后的植树工作，才是他用毕生精力完成的事业。用马永顺自己的话说，“我这是在‘还债’”。

1959年，马永顺被评为劳模，参加了全国群英会，并受到了周恩来总理的亲切接见。周总理嘱托他说：“林业工人不但要多生产木材，支援国家建设，还要多栽树实现青山常在，永续利用。”这几句话被马永顺牢牢地记在了心里。

丰富的资源是大自然对人类的馈赠，并不是取之不尽用之不竭的，只顾砍树却不种树，必然会导致生态环境失衡。回到林区后，马永顺

◎马永顺雕像

前思后想，一连串的问题在他的脑海里翻腾：照这样下去，山林早晚有一天会被砍秃，到那时，国家的林业还怎么发展？我们如何向子孙交代？他们又靠什么生存？……想到这些，马永顺不住地摇头，他仔细地算了一笔账：从 1948 年当上伐木工人起，自己总共采伐了 36500 棵树。砍倒三万多棵树，就要再种上同样的数量。为了能够实现“青山常在，永续利用”，马永顺决心要把欠下的“债”还上。

当年，随着砍伐工具的更新换代，伐木工人们从弯把子锯改成了弓弦锯，之后又开始借鉴采用苏联的机械化工具，为了加快伐木进度，甚至还通过爆破手段进行炸树。当时，一棵树下面放有两个炸药包，树干粗壮的就再增加两到三个。“轰”的一声巨响，树木应声倒下，不但树干的下半截被炸损了很多，极大地浪费了稀有木材，树根处也留下了一个深深的大坑。雨季来临，坑中积水不断，既为再次种树增加了难度，也使山林变得坑洼不平。

森林资源大面积减少，马永顺看在眼里，急在心上。身为伐木工人的他，率先向林业局提出“采育结合”的方法——边砍树边种树。于此同时，马永顺还非常注意保护幼树。有一次，一位年轻的拖拉机手正在采伐点收集倾倒的树干，鲁莽之中刮到了一棵红松幼树。这个

举动正巧被一旁的马永顺看到，“这棵树种了有 5 年，长势正好，一下子碰倒实在太可惜了。”说着，马永顺扶起倒下的红松幼树。

“整个小兴安岭那么大，倒了这一棵树也不碍事。”年轻的拖拉机手不屑地说。

马永顺一脸严肃，“眼前倒下的是棵小树，再过几十年就会长成栋梁之材，那时候的作用不可估量。”听了马永顺的话，拖拉机手羞愧难当，下车帮助马永顺一起给红松幼树填土，浇水。

保护幼树，马永顺先知先觉，植树造林，他更是用心良苦。最开始，马永顺对植树的方法以及相关知识并不了解，他就虚心地向别人请教。伐木之余，马永顺的身影几乎都会出现在苗圃里，从最基础的拔草、浇水，到施肥、撒药，他都学得特别认真。那时候，马永顺已经是快 50 岁的人了，别人劝他说：“你的年纪大了，就别再干这些体力活了。”可马永顺却说：“可不要嫌弃我年龄大，提起种树，我可有的是力气。”从此以后，人们见到的马永顺总是肩扛铁锹，一手拿着树苗，一手拎着水壶，穿行在山林中。

几年的光景，马永顺略显消瘦，可他种植的树苗却与日俱增。直到 1982 年退休，马永顺已经种了两万多棵树。回想起曾经奋战在林区，他曾写道：

> 20 世纪 50 年代，我是我们这一带有名的“砍树大王”，人年轻，有力气，一个人一条山沟，歪把子锯甩开了，半天就撂倒一片，锯下的树横在林子里，心里觉得是个“光荣”，有种“为社会主义添砖加瓦”的感觉。

马永顺的年纪越来越大，却坚持种树，风里来雨里去，吃过的苦都被他默默地藏在了心底。有一次，马永顺带着树苗上山，途中经过一座独木桥，桥面湿滑，不慎摔进了河里。路过的村民把马永顺救

◎马永顺种的树

上岸，劝他回家休息，马永顺却说，衣服湿了，风吹一吹就干，欠下的“债”必须还完。雨季来临，正是栽种树苗的好时机，年近古稀的马永顺硬是不顾个人安危，坚持上山种树。那一次，狂风卷着沙石，暴雨倾盆落下，马永顺沿着泥泞的小路翻过大山，竟冒雨种下了上百棵树苗。

“我已向大山许了愿，只要身子骨不散架，就要上山造林”，马永顺在用实际行动履行着这个承诺。年复一年，曾经种下的树苗越长越高，马永顺算了算，还有将近千余棵树就能还清欠下的“债”。然而，那时他已经是年近 80 高龄的老人了。马永顺的儿孙们深知老人家的心愿，同时也担心他的身体状况，于是全家齐动员，上山植树，把“债”还清。

春季刚到，马永顺就带领全家人来到二十公里以外的山坡上，他告诉家人，要像自己年轻的时候一样，把全部热情都投入到大山之中。很快，全家人开始忙碌起来。马永顺虽然上了年纪，但身子骨依然硬朗，他亲自为大家做示范，嘴里说着：“要刨大坑，栽当中，培好土，

踩实成……”

经过三年的努力，全家人共同栽种了1500棵树苗，终于把马永顺欠下的“债”还清了。可他并不满足于此，马永顺语重心长地说：“欠的‘债’还上了，可植树造林还得继续。”

说到做到，从1992年到1999年，每年的植树期都少不了马永顺的身影，他也在耄耋之年获得了全国“五一”劳动奖章和“全国十大绿化标兵”的称号。从“砍树大王”到“植树模范”，马永顺曾感慨地说：“现在，我老了，可我照样可以上山造林，给小兴安岭多留下几片青山，给子孙后代多留下几棵大树。”

## 青松不倒

遥想过去，马永顺感慨不已：三十年前，自己种下的第一棵落叶松已“淹没”在林海深处。“我活着，就要造林不止。我死了，也要躺在大山上，和大森林做伴”，高山莽莽，林海葱葱，马永顺就像一棵永远不倒的青松，把一生都融入到了小兴安岭林区。

2000年2月10日，87岁的马永顺依依不舍地离开了他牵挂的森林、大山，但是，他吃苦耐劳、坚持不懈、敬业奉献的精神却永远留了下来。2月13日，铁力林业子弟中学的学生在严寒中吊唁这位林业英雄“马永顺”，并庄严宣誓：要年年上山种树。

马永顺去世后，儿子马春清继承了他的遗志，并表示要负责好马永顺林场的工作，把祖国的林业事业做大、做强。小兴安岭是“红松的故乡”，马永顺生前曾不止一次地说过，千万不要让这里徒有虚名。

作为第一代伐木工人，马永顺曾多次被评为“全国劳动模范”及“黑龙江省特等劳动模范”，先后14次受到毛泽东、周恩来等国家领导人的亲切接见。时任国家总理的朱镕基曾称赞马永顺说：“你这一辈

◎马永顺纪念馆

子干了两件好事：当国家建设需要木材的时候，你是砍树的劳模；当国家需要保护环境的时候，你是栽树的英雄。我们都要向你学习。”

如今，在马永顺曾经工作过的铁力林业局松涛生态园区内，有一座占地2207平方米的马永顺纪念馆。这里设有两个展区，包括50多幅珍贵的图片和绘画，以及200多件雕塑和实物，让参观者能够近距离，真实地学习和了解马永顺的光荣事迹，回顾他一生所做出的贡献。同样，为了纪念这位林业老英雄，铁力林业局第二中学更名为“马永顺中学”，继承和发扬马永顺吃苦耐劳、甘于奉献的精神。

从年轻到年老，从砍树到植树，马永顺做了截然相反的两件事，他把毕生的心血都浇灌在那一片片山林里。此刻，远眺绵长千里的小兴安岭林区，碧树成林，绿浪滔天，呼唤马永顺的名字，大山仿佛在回荡——“青松不倒，青山永祭！”

# 机械工业领跑者——马恒昌

工人阶级要用自己的模范行动来带动全国人民建设社会主义。

马恒昌

马恒昌，男，1906 年出生，奉天（今辽宁）辽阳人，全国劳动模范。1948 年，马恒昌进入沈阳第五机器厂当工人。1949 年加入中国共产党。建国后，历任齐齐哈尔市第一机床厂车间主任、总机械师、党委副书记、顾问。曾任第一、二、三、六届全国人大代表，第四、五届全国人大常委。1985 年 7 月 18 日，马恒昌因病逝世，终年 78 岁。2009 年，被评为“100 位新中国成立以来感动中国人物”之一。

◎马恒昌

## 苦尽甘来

1948 年 10 月下旬，辽沈决战的炮火声震动了整个沈阳城。中国人民解放军经锦州、长春一路披荆斩棘，同国民党军队经过了几番激战后，最终取得了决定性的胜利。11 月 1 日夜，解放大军如洪水般涌进沈阳城，次日宣告沈阳解放。

虽已是深秋时节，沈阳城里却洋溢着春天般的气氛。多年经受剥削压迫的人民终于挺直了腰板，能昂首阔步地向前走了。群众纷纷上街，一睹解放军的风采。原国民党联合勤务部总司令部所属的504汽车厂的门口正在张贴布告，人们渐渐围拢过来。布告上称：请职工们前来工厂报到。

得知招工的消息，曾经在车床厂工作了25年的马恒昌心存芥蒂。当时他已经40多岁了，历经沧桑，在军阀混战的年代里就吃尽了苦头。可以说，社会底层的劳动者饱受剥削的事实，已经在马恒昌的心里扎了根。然而，解放军的到来却改变了他的想法。

“沈阳解放了，人民当家作主了，大家可以踏踏实实地在工厂做工……”解放军代表的一番话让工人们热血沸腾。经历的事情多了，做事就更加谨慎，马恒昌站在人群中，心里琢磨着再“考验考验”解放军，看看他们能否履行诺言。

之后，老车工马恒昌被邀请参加工厂里的座谈会，与其他各道工序的老师傅以及工厂领导们坐在一起，轮流发言，交流经验。与领导平起平坐，马恒昌受到了从未有过的尊重；通过座谈会，他真正认识到了什么才是人民民主，彻底放下了戒备之心。会上，马恒昌积极发言，献计献策。会后，他的心情仍然激动不已，决定一心扑在工作上，为生产军工产品尽一份心，出一份力。

工厂开工后，马恒昌和工友柳玉璞共同负责一项难度很大的工作——制造60炮的车炮膛。这道工序的制作标准很高，需要极高的准确性和精密度。每次打磨炮膛时，马恒昌都全神贯注地盯着炮膛，连眼睛都不眨一下，生怕有哪个细小的铁屑没有被磨成碎沫。

工作间隙，马恒昌抬头看看车间里的标语：“打到南京去，解放全中国!”、“加紧军工生产，支援解放战争!”这些催人奋进的话仿佛给马恒昌的身体里注入了一股生产动力，让他越干越有劲头。凭着似火的劳动热情，和极端负责的态度，马恒昌保质保量地完成了生产。

◎马恒昌（前排中间）小组成员合影

优异的工作成绩和过人的工作效率，使得马恒昌成为了工人们学习的榜样。不久，他就被推荐为车工组的组长。当上组长的马恒昌彻夜未眠，他想起了曾经过的苦日子，也费尽心思地想着如何带好自己的工作组，顺利完成厂里交给的任务。

马恒昌领导工友们的办法与众不同，他要让新时期的工人们真正地成为岗位的主人。从前，组长常常欺压下面的工人，而马恒昌却主动搞分工，提倡人人平等，相互管理、监督，共同进步。一次趁工厂停电的空当，马恒昌集合组员开临时会议。会上，马恒昌真诚地说："小组不能我一个人当家，大家都有份。咱们大家共同劳动，也应该共同参与管理。""这样吧，我先挑起一摊，负责检查大家'车'好的零件，尽量少出废活，能杜绝废活更好。"

"这个提议好！就是讲民主嘛。"一旁的组员说道。

"旧社会有句老话，叫做'教会徒弟饿死师傅'。现在我就要带头破除这种说法，在咱们小组，我会把毕生所学都交给大伙。"马恒昌的讲话换来了组员们的掌声和敬佩的目光。

在马恒昌的带动下，组员们根据各自的特长负责各个方面，比如有人教大家识字，有人带领大伙打扫卫生，有人负责保管工具……这样一来，小组成员的责任心更重了，集体观念增强了，大家伙儿的心也贴得更近了。

饱受奴役之苦的马恒昌在工厂中重新找到了温暖，找回了自信。回想起从前的日子，马恒昌常常用苦不堪言来形容。现在，他感叹道："新中国成立了，农奴翻身得解放，真是苦尽甘来啊！"

## 一马当先

解放后，工人们不再受剥削、压迫，他们常说："现在劳动是给自己干活，出多少汗都不喊累。"1949年初，马恒昌所在的工厂更名为第五机器厂。几个月后，冬去春来，冰雪融化，整座城市浮现出满眼绿意。春天带来了生机，大家的劳动热情更高了，工厂借此机会组织全体职工开展迎接"红五月"劳动竞赛。

提起劳动竞赛，年轻工人们议论纷纷，怀着拔得头筹的想法跃跃欲试。作为经验丰富的老车工兼组长，马恒昌把丑话说在前头："劳动竞赛，光有量不行，要做到保质保量才行。""工厂原料紧张，我们就不能出废活，越是竞赛我们就更应该出精品。"

一向心直口快的马恒昌句句在理，让工人们听得心服口服。他提出：减少出废活，就要把图纸吃透。提起工作上的事，马恒昌便打开了话匣子。他说车工在"车"活的时候，必须严格按照图纸作业，马虎不得，在公差范围内出现错误是难免的，遇到不懂的问题就要问，勤记、勤练是自己多年总结出的工作经验。

迎接"红五月"劳动竞赛大张旗鼓地开始了，横幅、广播一应俱全，烘托出了热闹非凡的劳动场面。马恒昌和他带领的小组接到的任务是生产二十台螺旋铣床，他利用中午的读报时间组织小组成员召开"技术研究会"。会上，马恒昌把自己的所学，利用深入浅出的方法给大家讲解，鼓励组员多动脑，多动手，勤发言。另外，他还找来工具零件配合图纸，让组员们实际观摩和学习。

午饭时间，马恒昌总是一手端着饭盒，一手拿着图纸，有时候光顾着研究图纸，竟然忘记了吃饭。傍晚时分，工人们下班回家，马恒昌常常和组员们边走边讨论生产问题，形成了一股不断钻研、好学上进的好风气。

马恒昌在工厂里是出了名的“严谨派”，正是他这种对工作认真负责的态度，先后两次发现了图纸上的错误。经过仔细核对，确认是图纸上尺寸标记错误后，马恒昌迅速把问题反映给了技术部门，为工厂减少了损失。

马恒昌常对工友们说：“工人阶级要用自己的模范行动来带动全国人民建设社会主义。”全组做完一个活儿后，马恒昌没有急于推进工作进程，而是提出“全体组员一起观摩成品”的建议。这样一来，大家针对成品共同发问，找到诸多存在的问题，避免在之后的工作中犯下同样的错误。据此，马恒昌立下“先检查第一个成品”的规定。

只是检查第一个成品还不够，马恒昌还提议把全组的车床分成三个组——又一次改革和创新。三个小组并肩工作，互帮互助。比如大家一起赶工，步骤都同步，相互听听临组的机器声是否异常，看看车刀角度是否符合标准，车削运转是否顺当……不知不觉地，组内又形成了“三人技术互助组”制度。

迎接“红五月”的竞赛持续了37天，在这次劳动大比拼中，马恒昌带领的小组把“技术研究会”、“检查第一个成品”和“三人技术互助组”三种方法和形式贯穿始终，每一道工序都苛求完美，每一位组员都秉持着对成品负责的态度，避免了残品、废品的出现。

生产过程中，不出现残品、废品极为难得，这在车床厂是史无前例的。除此之外，马恒昌还带领小组成员，根据操作中的使用经验，对十多种工具进行改进，使生产效率稳步飙升。对此，厂工会把马恒

◎马恒昌小组正在研究工作

昌和他所带领的小组的先进事迹进行宣传，使他们成为了工厂内的一面红旗，和大家学习的榜样。

马恒昌的名字在工厂里越叫越响，他提出的“技术研究会”、“检查第一个成品”和“三人技术互助组”三种方法被大力推广。经过实施，几个方法效果明显，全厂的废品率由原来的5%下降至1.5%，有效地节省了原料，实现了高产、高质量的生产模式。

1949年4月28日，春意正浓，第五机器厂召开迎接“红五月”劳动竞赛总结表彰大会。会上，马恒昌所领导的车工一组被正式命名为“马恒昌小组”。马恒昌代表全体组员上台，光荣地接过了“生产竞赛模范班”的红旗。

以前，组员们常常开玩笑，说马恒昌看图、钻图，能够“老马识图（途）”；现在，他们眼中的马恒昌更是全组的领头人，可谓“一马当先”。

## 荣幸之至

“说得好听，不如做出样子”，这句话常被马恒昌挂在嘴边。多年的工作经历，让他在荣誉面前懂得淡定从容。即便是干出了成绩，马恒昌也觉得那完全是自己份内的事，做不好，就过不了自己这关。

在马恒昌和“马恒昌小组”在第五机器厂“出名”后，他们的先进事迹不断被登载报端。从东北的《机关报》到《沈阳日报》等，纷纷发表了赞扬马恒昌及“马恒昌小组”的社论。1950 年 5 月初，东北新华书店出版发行了《生产小组的好样子》丛书。书中用通俗易懂的语言，生动地介绍了马恒昌及其小组的先进生产过程，为广大工人阶级树立起鲜明的榜样形象。

之后的几年里，马恒昌连续被评为“沈阳市机械局特等劳动模范、沈阳市特等劳动模范、东北机械工业部特等劳动模范”……中国古谚有云：“酒香不怕巷子深”，马恒昌的先进事迹跨越了国界，传颂到比邻的苏联和东欧等地。当时正处在大建设的苏联特意派出工会考察组，亲临“马恒昌小组”的所在地，进行实地考察。面对远道而来的友人，马恒昌履行了自己的诺言“把自己的毕生所学毫无保留地教给他人”。

荣誉满身的马恒昌始终坚持工作在一线，与工友们同吃、同劳动。他曾在 7 月 1 日党的生日那天写道：“我们这样做的时候，还觉得这是我们应做的小事一端，是党把这经验总结了，推广了，才使我们懂得了它的意义。我们的荣誉完全是党给的。”这就是马恒昌最真实的心声。他不善于言表，却用朴实无华的文字描绘出工人本色：“我们工人阶级是国家的领导阶级，我们要担负起责任来，把自己的国家建设得更美好。因此，我们就得拿出最大力量，利用有效办法，完成国家交给我们的生产任务。”

“要能亲眼见到毛主席，这可是比什么都巨大的幸福啊！”马恒昌心里不止一次地这样想过。让他惊喜的是，这个心愿竟然真的实现了。

1950年9月，建国一周年的日子快到了，中共中央和国务院决定召开全国工农兵劳动模范、战斗英雄代表大会。马恒昌作为东北省劳动模范的代表，受邀参加此次大会。伴着长长的鸣笛声，马恒昌和其他各路代表坐上飞驰的列车，朝北京方向驶去。

到达北京后，马恒昌等各路代表被安排在旅馆居住。第二天，全国第一次工农兵劳动模范和战斗英雄代表大会在北京召开。马恒昌早早地来到新华门，同各路代表一起进入中南海的怀仁堂。几分钟后，毛泽东、刘少奇、朱德、周恩来等重要国家领导人如约而至。

坐在第二排的马恒昌激动得热泪盈眶，边鼓掌边呼喊着“毛主席万岁”！那一刻，马恒昌心中充满感激——感谢党，感谢人民；那一刻，马恒昌心里万般喜悦，觉得自己就是世界上最幸福的人！

大会在潮涌般的掌声中拉开帷幕。各路代表相继发言，马恒昌代表小组向党中央汇报了各项工作以及所取得的成绩，并受到了党中央和领导们的表彰。“马恒昌小组”被评为全国劳动模范小组，获得“生产战线上的模范”称号。这一称号是史无前例的，“马恒昌小组”是建国之初首个以个人姓名命名的先进模范班组。与此同时，马恒昌也在此次大会上被评为“全国劳动模范”，成为建国后第一批劳模代表。

这次来北京参加代表大会，马恒昌可谓是双喜临门。9月29日，东北工会的工作人员找到马恒昌说：“老马，告诉你一个好消息，你可要做好心理准备啊！”

马恒昌急着问：“是什么好消息？”马恒昌做梦也没想到的，好消息就是自己要代表工人阶级给毛主席敬酒。

9月30日晚，华灯初上，整个北京城被装点一新，各处洋溢着节

◎1957年12月，在中国工会第八次全国代表会议上，毛泽东主席亲切接见了马恒昌等新当选的全国总工会执行委员

日的喜庆气氛。等候在宴会大厅的各路代表围坐在圆桌旁，当毛泽东等国家领导人步入宴会大厅时，顿时响起了雷鸣般的掌声。

马恒昌就坐在距离毛泽东不远的桌子旁，他的目光始终都没离开过他所敬仰和爱戴的毛主席。马恒昌在心里嘀咕着：“我这不是在做梦吧?”就在这时，工作人员示意马恒昌，并指引他来到毛泽东身边。

工作人员开口向毛泽东介绍说：“主席，这位是全国劳动模范小组马恒昌小组的组长，马恒昌同志。”

毛泽东微笑地看着马恒昌，亲切地说：“我知道，我知道!”

马恒昌目不转睛地看着毛泽东，恭敬地端起酒杯，说：“我代表工人阶级向毛主席敬酒，为毛主席的健康干杯!”

这时，毛泽东也端起酒杯，掷地有声地说：“为工人阶级幸福干杯!”紧接着，毛泽东热情地与马恒昌握手。这幅画面被身边的记者用相机拍了下来，并永远地载入史册。对于马恒昌来说，握手的瞬间，他将永生难忘。

此后的二十多年中，马恒昌又先后十几次受到毛泽东等领导人的亲切接见。每一次受到接见，马恒昌都感到无比的荣耀；每一次受到接见，他都将其视为自己生命中最幸福的时刻。

## 面临考验

新中国成立不久，全国人民刚要享受安宁之时，帝国主义的铁蹄开始践踏朝鲜，进而越过“三八线”，将战线延伸到鸭绿江边。侵略者不顾舆论谴责和中国政府的严正警告，竟然炮轰中国丹东等地，引起国内以及国际舆论一片哗然。

建国之初，中国国力正处在恢复和发展时期，为防备不测，政府果断决策，将多数大型机械、机器厂进行转移。东北人民政府工业部响应党的号召，决定安排马恒昌所在的第五机器厂部分搬迁。

事发突然，急需大规模转移，对于那些土生土长的工人们来说是一个艰难的抉择。10月24日，第五机器厂下达通知，规定首批人员先行迁离。第一批迁离队伍中就包括马恒昌和他所带领的车工组。

即将离开故土，很多人的心里开始打鼓：要搬到哪里去？搬到人生地不熟的地方，日子可怎么过？……当时得知的消息有限，厂长只告诉大家要搬到东北的北大荒。

如今满仓满谷的“北大仓”是全中国粮食生产基地。以前，那里却是荒无人烟的“北大荒”。马恒昌意识到，这次北迁面临的困难很多，无论是出发前，或是到达后，都将是对“马恒昌小组”是一次重大考验。想要顺利完成这次北迁，大家必须心往一处想，劲儿往一处使。

于是，马恒昌就利用休息时间，找到那些存在“思想包袱”的工人们，给他们讲道理，说利弊。他说，我们要舍得小家，为大家。祖国就是我们共同的家园，把祖国建设好，就等于为我们的小家撑起了一片天。就这样，在马恒昌的耐心劝导下，工人们心里的结被解开了，纷纷表示愿意到祖国的北边“创造一片新的天地”。

很快，迁移的日子到了。傍晚时分，第一批工人带好行李，挥着手，眼含热泪地告别家里的老人、妻子和孩子，集结在站台之上，准备踏上北去的列车。清点完人数，马恒昌向厂长汇报："马恒昌小组集合完毕!"

"好！模范小组一定要给工人们起个带头作用!"

其他工组悉数到齐后，厂长一声令下"上车出发"，工人们各自就位，怀着忐忑的心情，向目的地进发。此时已是秋末冬初，工人们隔着车窗，回首故乡，想再看一看工作和生活的地方，想再多陪陪家人……

北上的列车在荒野间飞驰而过，路过汹涌澎湃的嫩江后，厂长兴奋地说："大家振作精神，咱们的目的地就快到了!"不多时，列车缓缓驶入车站，停在了工人们的最终目的地——黑龙江省齐齐哈尔市。

帝国主义罪恶行径愈演愈烈，中国人民志愿军跨过鸭绿江，对美帝国主义侵略军予以还击，抗美援朝战争就此爆发。到达齐齐哈尔市的工人们，在收音机里听到了这一振奋人心的消息，爱国卫国的热血在体内沸腾。马恒昌对围坐在收音机旁的组员们说："同志们，咱们要用实际行动支援抗美援朝，大伙儿有没有干劲儿?"

"有!"小组队员们异口同声地回答道。

想要尽快投入生产，就要抓紧时间把设备搬到工厂里。马恒昌带领小组的工人们投入到紧张的搬运机器任务中。当时根本没有起重机，眼前重达几千、几万斤的机器横竖摆在货场中，搬运机器完全需要凭借一把子力气。马恒昌让大家分头行动，寻找能用得上的各种工具，如撬棍、粗绳、木板、滚杠等。

寒冬腊月的齐齐哈尔冰雪一色，工人们在露天借助简陋的工具，用最原始的方法搬运着各种大型机器。越干越起劲儿，大家的身上开始冒起热气，有的人干脆把身上的棉袄往旁边一撇，继续干活。马恒昌看见了，立刻阻止道："这怎么行，天气寒冷快把衣服穿好，千万别着凉。我带着你们干活，也要对你们的身体负责！”

从货场到车间的距离是七里地，马恒昌和小组工人们弯着腰，弓着背，用力拽着绳子往前走。马恒昌额头上渗出豆大的汗珠，嘴里高声喊着“嘿哟、嘿哟”。他的劳动热情感染了周围的工人，谁也没有在半路歇脚。

一鼓作气势如虎，在马恒昌的带领下，工人们陆续把机器顺利搬进了车间，为接下来的生产工作做足了准备。1951 年 1 月上旬，工厂正式开工建设，也就是说，工人们在不到 80 天的时间里就投入生产了。在抗美援朝这段时期，第五机器厂为人民志愿军输送了大量弹头机、火帽机等机械设备，为中国人民志愿军在抗美援朝战争中取得胜利做出了不可磨灭的贡献。

身为第五机器厂的一名老工人，马恒昌每天在车间奋战劳作，为的就是国家建设。舍小家为大家，靠简陋的工具搬运机器，日夜赶工为支援抗美援朝，这些都是马恒昌和“马恒昌小组”受到的次次考验。在考验面前，马恒昌坚毅地说：“无论面临什么样的困难，我马恒昌和我的小组都能经受住考验！”

## 精神代代传

“我们小组的创始人、全国著名劳动模范马恒昌同志，永远地离开了我们，我们小组全体同志心情无比悲痛……”这段话出自文章《深切怀念我们的老组长——马恒昌同志》，发表于 1985 年 7 月 23 日的《齐齐哈尔日报》。

1985 年 7 月 18 日，马恒昌与世长辞，享年 78 岁。

马恒昌在 40 多岁时才重回工厂，作为机器厂的一名普通组长，在平凡的岗位上带领全体组员创造了辉煌的成绩。他在劳动中展现出的

精神，像是高大有力的支柱，陪伴和影响了一批又一批的机械工人。

展开历史的卷轴，回到那轰轰烈烈的年代。1951 年年初，齐齐哈尔市第五机器厂所在地，工人们正在加班加点地为前线阵地制造军工急需品。

后方工作进行得热火朝天，前线战场也是捷报频传。中国人民志愿军在朝鲜战场上屡屡胜利，消息传回国内，全国上下为之振奋。马恒昌听到这则消息后，激动不已，立即召集小组组员，他说："人民志愿军立了大功，咱们也应该争口气，为祖国建设再加把劲儿！"

大家一听马恒昌的话，都来了兴致，你一言我一语地说开了。

"光靠咱们一个小组不行，要发动全国的先进班组。"

"大家抢着干活，抢着出成绩，才更觉得有干劲儿！"

……

"对！干脆来个竞赛吧，咱们向全国的先进班组挑战！"就这样，"马恒昌小组"成为了全国先进班组中的"挑战者"。为了能够取得好的成绩，大家集思广益，制定出了五条严格的规定：

一、团结技术人员，加强技术学习，改进操作方法，提高产品质量，合格率达到百分之九十九以上，提前完成生产任务；

二、师傅要带好徒弟，保证把所有徒工提高到一般技工水平。徒工要保证爱护机器，整理工具，不影响师傅们到点开车；

三、遵守劳动纪律，坚守工作岗位，保证春节前后出满勤；

四、加强四防工作，保证全组机器和人身安全，爱护公物，克服浪费；

五、加强时事学习，提高政治觉悟，做好宣传鼓动工作。

然而，此时的马恒昌却因积劳成疾病倒了。在领导的安排下，马恒昌回到了家乡疗养院。修养期间，他一直惦念向全国班组挑战的事情，特意写信嘱咐组员：“一定要说得到做得到！”

接到马恒昌的信，组员们纷纷表示：“虽然老组长倒下了，咱们一定要秉承他的精神，奋战在劳动第一线。”

不久，马恒昌小组把关于开展劳动竞赛的事情上报给全国总工会。总工会领导对此事非常重视，并安排《工人日报》在头版头条的位置刊登出“马恒昌小组”向全国职工发出“开展爱国主义劳动竞赛”的倡议。

一时间，“挑战”的热浪席卷了全国工人阶级。来自北京、东北等地的先进班组争先恐后地加入到竞赛行列中。经过统计计算，全国上下共有一万八千多个班组报名参加此次劳动竞赛，顿时忙坏了马恒昌小组的组员。从登记到整理，一项项繁复的工作在等着马恒昌小组来处理，他们毫无怨言，忙得不亦乐乎。有人路过马恒昌小组工作的地方，惊奇地发现墙上挂有两块黑板，一块贴满了其他先进班组的“应战书”，另一块上面写有“再加一把劲，用实际行动反对美帝国主义发动的侵朝战争！”

远在故乡的马恒昌在报纸上看到小组提出的倡议书时，再也坐不住了，一门心思地要返回工作岗位。又经过两个月的修养，马恒昌的身体状况基本恢复，他迫不及待地带着家人一起来到齐齐哈尔市，回到了他日夜牵挂的车间。

在班组中，马恒昌身为组长且年龄稍长，大家伙都亲切地称他“老马”。“老马”回来了！组里的主心骨回来了！大家抱成一团，不禁热泪盈眶。马恒昌见到大家说的第一句话就是：“咱们拧成一股绳，大干一场！”

此后的一年中，马恒昌带领组员克服了重重困难，进行了多次技

◎马恒昌雕像

术改革，交出了满意的答卷——提前两个多月完成国家分配下来的生产任务。与此同时，“马恒昌小组”还在劳动中发现问题，相继提出 23 项合理化建议。“负责到底，勇争先进”被“马恒昌小组”当做座右铭，竞赛期间，他们刷新了 69 项新纪录，使产品质量合格率上升至 99.61%，为国家创造了相当可观的价值财富。

马恒昌是机械工业中的领跑者，他早已成为全国工人阶级毕生学习的榜样。“老马”虽然走了，他的精神却铭刻在工人们的心中。马恒昌去世后，小组组长和组员换了一茬又一茬，但永远不变的是马恒昌的精神。时至今日，“马恒昌精神”已被一一概括：

无私奉献精神——捐献百分尺；

主人翁精神——胸怀全局，群策群力；

认真负责精神——保证质量；

刻苦钻研精神——岗位练兵，技术革新；

勇争先进精神——优质高产，争分夺秒；

勤俭节约精神——十五年，一把刀杆；

严守纪律精神——守时守纪；

团结互助精神——一方有难八方支援；

开拓创新精神——摒弃糟粕，勇创新高；

不断进取精神——荣誉面前找差距。

“敬爱的老组长，我们新一代组员一定要继承您的遗志，继续完成您未尽的事业，继承和发扬工人阶级的优良传统……”马恒昌小组的组员在“老马”的雕像前立下誓言，要把“马恒昌精神”世世代代地传下去。

# 传邮万里——王顺友

党把荣誉给了我，是希望我更好地送邮件、服务群众。如果让我重新选择，我还会选择“马班邮路”。只要它还存在一天，只要我还能走得动，我就一直走下去。

——王顺友

◎王顺友

王顺友，男，苗族，1965 年 10 月出生，四川省木里藏族自治县城邮政马班邮路乡邮员。2001 年，被四川省邮政局评为四川省邮政劳动模范。2004 年，加入中国共产党。2005 年 5 月 1 日，被中华全国总工会授予全国劳动模范称号。2005 年 10 月 19 日，王顺友成为自 1874 年万国邮政联盟成立以来，第一个被邀请去的基层邮政员，并代表中国邮政发言。

## 坎坷邮路，风雨无阻

城市间，广厦林立，身居此处的人们有的想穿越山林，高声呐喊；有的想逃离繁华的都市，享受孤独。然而，习惯了便捷通讯的人们谁又能真正地面对孤独？在青藏高原，有一位独行者，一个人，一匹马，在一条路上走了 20 多年。他用孤独换来了深山百姓与外界的联系，传递了山里人对远方亲人的牵挂。他，一名普通的邮递员——王顺友。

19 岁那年，王顺友子承父业，当上了乡里的一名邮递员。当他牵过陪伴父亲走邮路的那匹马，缰绳上似乎还带着父亲的体温。那一刻，父亲说：“送信就是为党做事，为党做事的人要吃得起苦。”父亲对邮递工作的忠诚和热爱感染了王顺友，这个不满 20 岁的年轻小伙，义无反顾地踏上了那条被父亲走过无数回的邮路，一走就是 20 多个春秋。

土生土长的苗族小伙王顺友，出生在四川省凉山彝族自治州木里藏族自治区。木里县地处四川省边缘，紧邻青藏高原，蓝莹莹的天，朵朵白云，青草碧绿，牛羊满眼。居住在那里的人们被高山环绕，外出时必须爬过蜿蜒曲折的山路，有些人甚至不知道柏油马路是个什么模样。王顺友就穿梭在群山之间，高高低低的山坡就是他的邮路。

王顺友脚下的路被称为“马班邮路”。早在 1960 年，乡里的邮递员开始牵着马运送邮件，被称为“马班”，几十年踩出的路，就成了“马班邮路”。最初，王顺友负责青藏高原木里县城到白碉乡、三桷桠乡、倮波乡和卡拉乡之间的乡邮工作，几个地点往返走完大约是 584 公里。

王顺友每次出发前都会默念一遍父亲的叮咛——“一不能贪，二不能丢，三不能脏，四不能慢”，再把邮件放在马背上，牵起缰绳，阔步而行。

走在邮路上，王顺友就像是穿行在不同的季节，其中，必经之地是察尔瓦山。那里的气温最低达零下十几度，大半年的时间都被冰雪覆盖。太阳散发出的强光照射到厚厚的积雪上，犹如镜面反光的银白，刺眼之极。走到这里，王顺友只能半眯着眼睛，抓紧缰绳，顶着寒风，艰难前行。除了那匹驮着邮件的马，他没有其他同伴，即使在雪地里摔倒，都不会有人来搀扶。

翻过雪山，等待王顺友的是海拔 1000 米以上的雅砻江河谷。走到那里，汗如雨下，40 多度的高温，伴着一股股的热浪袭来，使王顺友的衣服从里湿到外。王顺友头戴一顶镶有中国邮徽的大沿帽，身穿着淡绿色的衬衫，宽肩的制服，下蹬一双底子都磨薄了的绿胶鞋。其实，在这地广人稀的深山之中，走上几天几夜也不会遇到一个人，穿戴齐全的王顺友大可在如此炎热的地方摘下帽子，敞开衣襟。可他却没这么做，正是这一身邮递员服装，赋予了他强大的责任感。

然而，外界的困难容易克服，心里的孤独感却难消除。从王顺友朴实的眼神中，可以读出他长久独行的酸楚。20 多年中，王顺友已记不清有多少个春节是在邮路上度过的了。贺新春，迎除夕，全家团圆，举杯同庆的时候，王顺友却一个人牵着马，伴着漫天的繁星走在孤独的路上。夜里，他躲进阴冷潮湿的山洞里度过一宿，即使点燃一堆篝火，也无法代替与家人团聚的温暖。

“冬天一身雪，夏天一身泥”王顺友毫不夸张地描述邮路上的自己。由于路途遥远，王顺友为了轻装上阵，常常只带些干粮就进山了。口渴了，直接喝山里的泉水，冬天就敲碎冰块含在嘴里。最难熬的是雨季，变幻莫测的天气，不时会降下倾盆大雨。来不及躲避的王顺友，常常要接连被淋上几回，胶鞋里都灌满了水。不见晴天，被淋透的衣服就一直贴在王顺友身上，冷风吹过，他不住地打起寒战。

土地变得泥泞、湿滑，王顺友还要继续赶路，摔进粘糊糊的泥巴里已经是常有的事了。在雨天，空旷的高山和密密麻麻的丛林都不容易找到栖身之地，王顺友只是简单地在身上裹一块塑料布，躺在地上半睡半醒地将就整个晚上。第二天，他牵起陪伴在它身边的马，轻抚马鬃，继续赶路。

饿、冷、苦，甚至是野兽的攻击，王顺友都能挺过来，可他却说最难熬的是一路上没有人和他说话，感觉自己简直要疯了。以至于后来，陪伴在王顺友身边的马竟成了他的倾诉对象，王顺友常常把心里的苦和乐，一股脑儿地说它听；有时候，还会大声地哼唱苗族特有的山歌，他说，就算是唱给大山和我……

◎王顺友在送邮件途中

王顺友说自己有三个家，一个在山上，一个在江边，还有一个在邮路上。树林、牛棚和雪地都曾是他的临时居所。王顺友觉得自己吃点苦不怕，就是亏欠家人的太多了。他的班期是 14 天，每个月就要走上两个班期，算下来在家停留的时间只有两天。这两天里，王顺友都在和时间赛跑，他希望能够多陪陪家人和孩子。

谁，愿意一遍又一遍地经历冰火两重天？谁，愿意日日夜夜都过着不规律的生活？王顺友愿意，他就是这样一个牺牲自己，服务万家的人。他认为，这是一名合格的邮递员的使命，既然选择了就责无旁贷。他说："为人民不算苦，再苦再累都幸福"。

## 知难而进，胆大心细

没有人天生就胆大，往往是环境锻炼了一个人的勇气。负责送信、投报纸的王顺友就被大家成为"王胆大"。得到这个称号，不单是因为他独自一人在雪山、树林里往来工作，更是因为他力排万难，勇斗劫匪的事迹。

1985年，王顺友开始了乡邮员的工作。当时的他就像个初生的牛犊，看似天不怕地不怕，其实，真正带着信件和包裹走进深密的山林时，他却感到了无助、惶恐。夜幕降临，黑暗带来了恐惧，他感到害怕。后来，王顺友意识到，要保证邮递工作的顺利进行，就必须消除各种恐惧心理。几次惊心动魄的经历，让他得到了锻炼，积累了经验，胆子也越来越大。

在王顺友眼里，邮件就是珍宝，是乡亲们多日的盼望。为了把邮件顺利送达到收件人手中，他不畏艰险，穿行在大家都望而却步的“九十九道拐”。“九十九道拐”名副其实，这里是蛇形地带，转弯比比皆是，宽度窄得惊人。最危险的莫过于一条紧贴悬崖峭壁的路，脚下便是滚滚而来的雅砻江。途经此地的人，稍不留心就会跌入深渊，生命就会在那一瞬间悄然逝去。王顺友就曾在那里险些送命。

那是1995年5月的一天，春意正浓，王顺友来到了“九十九道拐”。通过这里的羊肠小路，有一个方法：马走前，人走后。但由于弯道一个接一个，产生了视觉死角，每转一道弯，他的视线只能看到马的尾部。有时候，走着走着，马粪就会掉到王顺友的脚下，稍有坡度，还会落在他的身上。王顺友顾不得这些，屏住呼吸，小心翼翼地朝前走。

突然，一只山鸡扑腾着翅膀从山涧里飞了出来。走在前面的马受到惊吓后，猛地四蹄乱跳，看样子似要往后退，又要调转头。这时，王顺友向前探身，想要拽住缰绳，稳住它，没想到，竟被马蹄踢中了腹部。

要知道，马的后肢力量很大，王顺友根本承受不了如此重的冲击，顿时仰身倒地。只见他双手捂着腹部，额头开始冒汗，疼痛使他面目狰狞，双眼紧闭。这时，驮着信件的马仿佛知道自己闯了祸，很快安静了下来，站在王顺友身边，一动不动。

过了一会儿，王顺友强忍疼痛站起来，伸手拽住马缰绳，一句责怪的话也没有说。弯腰停了十多分钟后，他牵起马，继续前行。半路，王友顺的肚子越来越疼，犹如刀绞。最疼的时候，他控制不住，直在地上打滚儿。

疼着疼着，王顺友竟昏睡了过去，直到被第二天的阳光照醒。醒来后，王顺友坚持把剩下的全部邮件、包裹以及报纸全部送完。之后，他才来到木里县城的林业局职工医院，却已耽误了治疗的最佳时间。这时，王顺友的肠子已经断开了，并且断成了三截，如果再不及时治疗，性命难保。

在医院的全力救治下，王顺友脱离了生命危险，但是肠子只能被截断了，就是说比正常人短了许多，造成了终身缺憾。掀开王顺友的衣襟，10 厘米的手术疤痕令人触目惊心，阴雨天时，那里仍会感觉到疼痛。

2000 年盛夏的一天，王顺友一如既往地走在送信的路上。当他走进察尔瓦山茂密的树林时，突然遇到两个面目凶恶的劫匪。王顺友先是一愣，心里想：一定要保住群众的物品。对面的两个人冲他大喊道："把身上的财务统统交出来，运送的东西也都留下。"

王顺友斩钉截铁地回答："我是邮递员，是为党和人民服务的，送信是我的职责。想要群众的东西，门儿都没有，想要命，我有一条。"说完，他趁劫匪不备，拿出柴刀冲着劫匪，抬手就砍。

两名劫匪被王顺友的举动吓住了，不敢轻举妄动。这时，王顺友灵机一动，一步跨上马，冲向劫匪，左右横劈，吓得他们落荒而逃。此次遭遇拦路抢劫，王顺友勇斗劫匪，胆大心细，不但震慑住了劫匪，保住了人身安全，而且马背上的信件和物品一样都没少，甚至没有一点儿破损。为此，"王胆大"的名声更响亮了，王顺友的事迹也被传为佳话。

漫漫邮路上，只有马脖子上的响铃回荡在耳畔，而王顺友已不再害怕，因为有那么多百姓在等着他。心中的责任赋予了王顺友勇气，乡亲的牵挂在保佑着他，让他一次次顺利地走过那些命悬一线的地方，陪他闯过一道道难关。

## 世上最亲邮递员

2005年，中央电视台“《感动中国》年度人物评选活动”用“世上最亲邮递员”来评价王顺友，而他，的确实至名归。

“为人民不算苦，再苦再累都幸福”这是王顺友的心里话。他曾说自己的家在山上，在那条漫长的邮路上，而路上家家户户的百姓就是他的亲人。在地广人稀的山林中，人们过着闭塞、平淡的生活，基本上每户人家都离得很远，邻里之间见面的机会并不算很多，而常常出现在百姓家门口的就是一身橄榄绿色的王顺友。他带来了远方的思量，和最新的消息，同时也如亲人般帮助和关心着邮路上的百姓。

王顺友负责的这条邮路上，没有通讯线路，也就是说，居住在大山里的人们根本无法与远在他乡的亲人通上电话。那时，送信的王顺友回到县城的第一件事，就是替村民给在城里打工的子女打电话，问寒问暖，报个平安。字字句句，王顺友都替乡亲们记在心间。虽然打电话的费用都是王顺友独自支付，他却从未计较这些。再去送信的时

◎王顺友获奖时的情景

候，他一字不落地把通话内容讲给村民听。看到乡亲们紧握着自己的双手，眼含热泪地倾听，王顺友也哽咽了，他传递着亲人间的温暖，自己也融入了这个大家庭。

只有王顺友一个人知道，在孤孤单单的邮路上，有多少人在盼着他，在等着他。由于山区地貌奇险，无法设立固定的邮局，所以村民们只要邮寄东西，就盼望着王顺友赶快来，请他带走自己的信件或是包裹。山里人朴实、简单，文化水平不高，有些人并不知道邮寄东西需要支付邮费，或是往信件上粘贴邮票。看到这些没有邮票的信件，再看看上面写得很吃力的字体，王顺友默默地接过它们，装进了敞着大口的邮袋里。

一路长途跋涉，王顺友总是顺利地把乡亲们的信件带到县城，然后自掏腰包，替一些包裹支付费用，或是往信件上粘贴邮票。他知道，山里人不富裕，一年也许就寄一次东西，自己不愿让那些充满希望和期待的目光中出现一丝忧虑，于是他没有和任何人说，自己悄悄承担下了这份额外的工作。

其实，王顺友的任务是按时把每个乡的邮件准确送到乡政府，但是更多的时候他都把信件交到了收信人的手中。对于邮路的情况，没有人比王顺友更熟悉了，山高路远，他这么做是保证不丢失任何一份包裹，一张报纸，一封信件。

夏季是洪水的多发期，木里县就曾在 1998 年 8 月遭受了百年不遇的特大洪水。从白碉乡到县城本就道路不畅，遇灾后，由于泥石流、山体滑坡等现象，道路被完全阻隔了。在这种情况下，去送信的可能性不大了，而且面临着诸多危险。当时，王顺友在邮袋里发现了一封由四川师范大学的录取通知书，上面明确写明收信人“白碉村海旭燕”。

对于一个考生来说，收到日夜期盼的录取通知书就是自己的头等大事。王顺友想，必须尽快把录取通知书送到收信人手中。于是，他牵起马，踏上了充满滚石和泥沙的邮路。整整两天，从山上滑落的坚石没能阻碍王顺友的路，他的双腿在及膝的泥巴里拔出来，踏进去，不知走了多少步；湍急的洪水在王顺友眼前流淌，他毫不犹豫地趟过去，浸湿了衣襟保护着录取通知书。坚持就是胜利，王顺友最终把录取通知书亲手交给了海旭燕。那一刻，海旭燕眼里充满了泪水，为取得的成绩而激动，为王顺友的行为而感动。

自从白碉乡铺路通车以后，邮递员们的工作轻省了许多，两地之间只需要四个小时的车程。可王顺友却没有选择宽敞平坦的公路，依然延续着马班邮路，牵着马，在崎岖的山路里独行。同事不解地问他，“这是何苦来得啊?”也有人说王顺友这么做很傻。对于这些言语，王顺友从不在意，因为他心里装着那些站在邮路旁等着自己的乡亲，还憨厚地说自己如果不走山路的话，那些需要自己的人，该到哪里找他?

像王顺友这样，打心眼儿里装着群众的邮递员，可亲可敬，他就是世上最可亲的邮递员!

## 走下去，终不悔

2005年，40岁的王顺友，饱经沧桑，深谙世故。风吹、日晒、雨淋，在他的脸上留下了岁月的痕迹，使他看起来比同龄人年长了许多。由于工作环境和性质的特殊性，王顺友落下了一身“职业病”：胃病、风湿病、头痛病、肝病。许多年下来，邮包把王顺友的脊背压弯了，可他却从不后悔走上这条“马班邮路”。

1999年开始，王顺友的邮递范围缩小了，负责木里县到白碉乡、三桷桠乡和倮波乡三地的邮件投递工作，往返路程由原来的584公里减少的360公里。路程虽然缩短了，但是王顺友的邮递热情和敬业精神却丝毫没有减少。即使身受重伤也没能改变他的初衷，以及对乡邮员这份工作的忠诚。

千禧年后，城市在伴着时代的步伐飞速发展，可大山里仍旧需要最原始的投递方式。王顺友也一如既往地在三个乡镇间往来投递。2004 年 10 月，天高云淡，秋风送爽。之前的一场秋雨淤积一处，把羊肠小路淹没了，为了驮着邮件的马能安稳渡过，王顺友牵着马从一处较高的斜路面通过。坡度大且湿滑，走到一半的时候，马蹄被倾倒的树枝绊了一下。马身稍有倾斜，王顺友立即伸出右手拽住马笼头，用力扶正马身。

不料，刚把马稳住，王顺友自己却一头撞到树枝上，鲜血直流。很快，半侧脸颊就红肿起来，受伤较重的眉骨撕裂，眼睛肿得就剩下一条缝，早就患有风湿痛的左手再次扭伤。王顺友定了定神，左右转头看了看自己的制服，两个肩章也在磕碰间掉落得不知去向。疼痛他能忍，可是肩章的丢失让他心酸极了，那酸楚涌向眼角，恨不得嚎啕大哭。

可眼泪根本不能解决问题，王顺友强忍着疼痛，淌过河，一步一步地走回了县里，把所有邮件一份不少，一封不湿地上交了。迈进家门，妻子看到鼻青脸肿的王顺友，心如刀割，边哭边劝他不要在跑邮路了。妻子“写份退休书”的言语在王顺友耳畔重复，可他却沉默不答。因为，他放不下这份工作，更放不下这份责任。

说王顺友在邮路上伤痕累累毫不夸张，因为他所经历的伤痛太多了。2005 年元旦刚过，王顺友就起程去送信了，在返回途中险些遇难。

王顺友当时正要走上雅砻江的吊桥，突然，一侧的钢绳断开，吊桥迅速倾斜，侧翻，垂直地挂在汹涌澎湃的江水上。当时，桥上行走的有几个马夫和几匹马。其中，有一个马夫和九匹马坠入江中，被淹没、冲走。另外的一个马夫刚好即将到达对岸，抓住了桥绳，爬上了对岸。王顺友惊呆了，如果他在向前走一步，后果将不堪设想。诸如此类的险情，不止一次的发生，却没有动摇王顺友继续当一名乡邮员

◎王顺友走在雅砻江的吊桥上

的念头。

面对险情，谁都会害怕，王顺友也不例外，可他却说，人总有一死，如果是为了工作而死，值得！试问，谁能为了送达邮件，连生死都置之度外？是那些真正爱着，懂得这份工作的人才能做到，这个人就是王顺友。

截至 2005 年，王顺友当了 20 年乡邮员，平均每年投递报纸 8000 多份、杂志 700 多份、函件 1500 多份、包裹 600 多件。每一件包裹，每一封信件，从王顺友的手中递出，没有半次失误，投递准确率达到 100%。20 年来，王顺友走过的路约为 26 万公里，这个长度是赤道的 6 倍之多，相当于 21 个万里长征。

一串串数字是王顺友的历程，一封封信是他的责任。2005 年，王顺友被评为“感动中国十大人物”，受到了党和国家领导人的亲切接见，他的先进事迹感动了千千万万的民众。此后，王顺友相继进行了 20 场全国报告会，并成为参加万国邮政联盟总部会议的第一位基层工作人员。

荣誉加身，鲜花和掌声同在，有人不禁问道，王顺友今后的打算是什么？他坦率地说：“我希望国家发展得更好，家乡的条件改善得更好，在不久的将来不要再有‘马班邮路’，但只要它还在一天，只要我还能走得动，我都会一直走下去。”这句话有力而真诚，是王顺友的心声——走下去，终不悔！

# 屹立不倒的“铁人”——王进喜

石油工人一声吼，地球也要抖三抖；石油工人干劲大，天大困难也不怕。

——王进喜

王进喜，男，1923 年 10 月 8 日出生于甘肃省玉门关赤金村，中国石油工人的杰出代表，被誉为“铁人”。1949 年到钻井队工作，1956 年加入中国共产党，1960 年参加大庆石油会战。先后担任钻井队长、钻井指挥部钻井二大队大队长、钻井指挥部副指挥等职。曾当选为全国劳动模范、第三届全国人大代表、中共中央委员。1970 年 11 月 15 日，王进喜因病逝世，时年 47 岁。2009 年 9 月，王进喜被评为“100 位新中国成立以来感动中国人物”之一。

◎王尽喜

## 钻井闯将，大庆战歌

在中国，在大庆，“铁人”的称号早已和王进喜融为一体，铸就出一个不可分割的名字——“王铁人”。王进喜为中国石油工业立下了汗马功劳，30 年艰苦创业的历程，他转动了中国石油工业的巨齿，参与建设了举世瞩目的大庆油田。从加入钻井队那天起，始终伴随王进喜的是“心系钻井，情系石油”的信念，和勇往直前的冲劲。在喷薄而出的石油面前，谁又能感知王进喜付出的艰辛和汗水？

王进喜出身贫苦，小时候有个特别的名字“十斤娃”，因为他出生时整整十斤重。老来得子的父母喜极而泣，在当地，孩子的体重算是个吉利数，依照家谱取名为“王进喜”。儿时的王进喜在父母眼里是个宝贝疙瘩，无奈家境不丰，他 6 岁时又赶上特大灾荒，全家人只好流落街头，以讨饭为生。

父母的年纪越来越大，王进喜逐渐成为了家里的顶梁柱。为了支撑这个家，小小年纪的王进喜开始给地主家放牛，或是干些苦活累活。吃不饱，穿不暖，成为了他童年最深刻的记忆。

1938 年，王进喜 15 岁，进入玉门油矿当童工。他每天从早忙到晚，瘦弱的身躯扛着沉甸甸的工具，和很多成年人做一样的工作。王进喜不愿受压迫，曾几次起来反抗，引来的却是更加严重的惩罚。这样的经历虽然惨痛，但从另一个侧面锻炼了王进喜，让他具有了逆流而上，吃苦耐劳的精神。

1948 年玉门地区解放，当地百姓喜迎新生活。此时的王进喜进入老君庙钻探大队，成为了一名钻井工人。从穷日子走过来的王进喜，苦活累活干了不知多少件，现在翻身农奴得解放，他高兴地说：“我们是国家的主人，主人不能像长工那样磨磨蹭蹭、被动地干活。”不再是奴隶，不再受压迫，王进喜工作起来更是卖力，每一滴汗水都流得值得。

由于王进喜在工作中表现突出，各方面成绩优秀，被批准加入中国共产党。1956 年 4 月 29 日，是王进喜入党的日子，那一天他除了倍感荣耀外，又多了一份党员的责任感。不久，王进喜被推举为 1205 队的队长，并带领全队参加了由国家石油工业部组织的以“优质快速钻井”为核心的劳动竞赛。

在竞赛中，王进喜带领着 1205 队高喊“月上千，年上万，祁连山上立标杆”的口号，一举夺得桂冠，打破了全国钻井纪录，创造出月进 5009.3 米的好成绩。不久，王进喜参加了秋季在新疆克拉玛依召开的国家石油工业部现场会，被授予了一面象征荣誉的红旗，上面写有“钻井卫星”四个大字。同时，他所带领的 1205 队获得了“钢铁钻井队”的光荣称号，王进喜本人也被冠以“钻井闯将”的名号。

“钻井闯将”王进喜带领 1205 队“钻”出了名堂，紧接着，他们又迎来了一项非常艰巨的任务。1960 年，王进喜带着开拓新天地的希望，带着众多工人的嘱托，率领 1205 队赶赴萨尔图，参加轰轰烈烈的东北松辽石油大会战。

萨尔图位于大庆市北部，海拔高度在 145 ~ 155 米之间，四季变化分明，是个“野兔遍地跑，千里人烟少”的地方。王进喜已经做好了心理准备，“有条件要上，没有条件创造条件也要上”，为开拓和发展

◎王进喜领导工人们搬运钻机(情景再现)

◎大庆工人欢呼第一口井试喷成功

中国的石油工业出一份力。

到达萨尔图后，王进喜说的第一句话就是，“井位在哪里?”随后又问，“钻机到了吗？这里的钻井纪录是多少?”他知道，这里将会是钻井队员们大展拳脚的地方。

有了钻机，才能动工。王进喜顾不上吃喝，带人去搬运钻机。当时没有任何托运或是牵拉的工具，更不要说是吊车、拖拉机等运输设备了。在这种条件下，王进喜带领队员们用最简单的工具和土办法，靠杠子滚，大绳拉，一米接一米地往井场方向运。经过四天的努力，长达 40 米的钻机终于被运到了指定井场。高大垂直的钻机被王进喜和队友们合力竖起的那一刻，众人欢呼雀跃。

为了保证钻井及时开工，王进喜带领队员们到附近区域找水源，为钻井提供足够的用水。当时正是寒冬腊月，四处结冰，王进喜号召

◎打第二口时，王进喜为了压住井喷，在泥池里用身体搅拌水泥

大家破冰取水，把所有诸如水壶、水桶、脸盆等能用的容器全都贡献出来盛水了，最终收集的水量多达 50 多吨。

5 天零 4 个小时，在这段时间里，王进喜和他所带领的 1205 队日夜奋战，进尺 1200 米，顺利完成了萨 55 号井的钻井工作。这样的速度，这样的深度，都是史无前例的。

第一口井顺利钻成，陆续又开钻第二口井。不料，在往第二口井搬迁时，王进喜的右腿被砸伤。别人劝他赶快回去休息，可他却拄着拐棍坚持和大伙一起工作。

伴着钻机发出的巨大声响，第二口井开钻。当钻到约 700 米深时，突然发生了“井喷”。泥浆如炸开的烟花，飞溅高达 10 多米。钻井时要把泥浆注入井管以平衡地下地层对油气的压力，一旦发生井喷，地下油或气就会从井管中喷射而出，甚至会伴有毒气。这种毒气极有可能引发火灾，钻井边的队员们无一不被危险的气息所笼罩。

治理“井喷”最快、最有效的方法是用重晶石粉调成泥浆进行“压井”，但是，当时根本不具备这样的应急条件。情急之下，王进喜心生一计——用水泥代替！一袋袋沉甸甸的水泥被队员们倒进泥浆池里，同时水管不断地向泥浆池输送冷水。

没有搅拌机，干水泥有的沉下水底，有的摊散着漂浮在水上，而火山喷发似的“井喷”在无休止地咆哮着。在这种情况下，只有把水泥搅拌均匀才能使“井喷”平息。一刻也不能再等了，王进喜撇下拐棍，起身跃进半人高的泥浆池，立定双腿，展开双臂，不停地在泥浆池中搅拌。刺鼻的水泥味道在王进喜的身边升腾，粘稠的水泥包裹了全身，可他却全然不顾，像一个活生生的“水泥搅拌机”，在履行着自己的使命。

此时的大庆千里冰封，泥浆池的温度如同冰窟窿，寒冷刺骨。王进喜头戴棉布帽，身穿棉衣，转动身躯，摇摆双臂，在混沌的泥浆池中全力搅拌。他的举动感染了在场的钻井队员们，大家纷纷跳入泥浆池，与“井喷”展开了一场大战。一段时间后，“井喷”终于被王进喜和队友们制服了。王进喜也因为这场“井喷之战”，被誉为大庆油田的“铁人”。

“铁人”王进喜的壮举被传为佳话后，荒芜的松辽平原上掀起了“学铁人、做铁人，为会战立功，高速度、高水平拿下大油田！”的阵阵高潮。为了开采石油，王进喜豪迈地说：“宁可少活二十年，也要拿下大油田。”

1960 年 6 月 1 日，王进喜永远忘不了那天的情景。第一辆装满原油的罐车从大庆油田开出，石油工人们喜极而泣。1960 年全年，王进喜带领 1205 钻井队共打出 19 口井，完成进尺 21258 米，同时创造了 6 项新高纪录，在松辽石油大会战中名列前茅。可喜可贺，截至年底，大庆油田共生产原油约 97 万吨。

王进喜，这位“钻井闯将”，像一位战无不胜的将军，带领1205钻井队，为开采石油开辟了道路，在大庆这块辽阔的油田上，谱写下辉煌的战歌！

## 识字搬山，科学求实

“石油工人一声吼，地球也要抖三抖；石油工人干劲大，天大困难也不怕”。人人都说，石油工人有力量。可王进喜知道，单靠一股子蛮力是不够的，发展石油事业还要配合科学的方法才能更快、更好。

解决实际的问题，往往需要强大的理论知识作支撑，尤其是那些复杂的、棘手的故障，需要明白其中的缘由，才能得心应手地解除。对于没念过书的王进喜来说，大字不识几个，阅读书籍就成了一大难题，用他的话说，“认识一个字，就像是在搬一座山”。不过，王进喜就是有一股不服输的劲儿，他下定决心不但要搬山，还要翻山越岭，冲破道道难关。

说起来容易，做起来难。虽然王进喜在解放后上了一段时间的扫盲班，认得最简单的几个字，可还是没能从容应对写信这件事。从前，王进喜经常需要别人代笔写信，有一次他决定自己提笔来写，可第一遍写得吃力，第二遍也不如意，最后熬了几个通宵才把信写好。之后，倔强的王进喜又把写好的信抄写了20多遍。其他同事得知后，主动提出以后要帮王进喜写信，可他却说自己不单是为了写信，更是为了学文化，练写字。

在那段日子里，日夜苦读对于王进喜来说犹如家常便饭，除了工作就是学习。他常说，要为革命练一身硬功夫、真本事。就是靠着这样的毅力，王进喜认的字越来越多，写得越来越好。王进喜在学习的过程中养成了一个好习惯，他无论走到哪里都带着本和笔，发现问题就记下来，遇到知识点就抄下来。经过两年多的努力，他弥补了文化知识，能够没有任何障碍地读书、看报，同时还可以写一些简单的发言提纲或稿件。

文化知识对于王进喜来说是基础，也是跳板，他知道自己在科技领域知之甚少，就下决心苦学，花大力气追赶。图书馆里关于世界各国石油发展状况的书籍成为了王进喜最关注的目标，他更加深入地学习了与自己工作相关的技术知识。

学习的韧劲和劳动的干劲被王进喜汇于一身，他说一定要学以致用，把掌握的知识运用到实际的工作中。有些人对此信心不足，王进喜就鼓励他们说："干，才是马列主义。不干，半点马列主义也没有!"对，要摒弃空想，付诸行动。在王进喜的带领下，钻井队的工人们开始了学习专业知识，大搞技术革新的热潮。

在全国钻井队中遥遥领先的1205队，为了进一步提高钻井速度，群策群力，把游动滑车进行了合理改造。当时，王进喜带领钻井队已经在大庆油田工作了四个春秋，要说工作经验肯定攒了满满一箩筐，可是王进喜心里还有一个事情放不下，那就是打一口"直井"。

石油工人们常说，打什么样的井，就能出什么样的油。一直以来，钻井队员们打的都是斜度不超过5度的斜井，要把这个标准提高到不超过3度，是一个极富挑战的过程。当这个任务落到王进喜的肩上时，他当即回答："我干!"

队员们得知王进喜痛快地接下了打"直井"的任务后，都说这简直是个不可能完成的任务，纷纷表示"太难了"。几年的钻井工作中，王进喜也遇到了大大小小各种困难，而他也总结出了专门对付困难的方法，这个方法被他称为"三老四严"：当老实人，说老实话，做老实事；严格的要求，严肃的态度，严密的组织，严明的纪律。王进喜把"三老四严"讲给队员们听，并发誓带领大家跨过这道难关。

王进喜深知，知己知彼方能百战百胜。在钻"直井"之前，他找到技术员深入了解了关于防斜的知识，并提醒队员们，要在钻井的时候心中有井，有图，必须具备高度的责任心。

说起来，王进喜在这方面确实起到了表率作用。此前，他在打井的过程中，留心细看了当时的地质情况，发现与地质师分析的结果不相吻合。发现问题后，王进喜并没有断然下结论，而是采集了几口井的地质资料，妥善保存。当时的情况是：按照设计方案看，实际钻头已经钻到了油层底端，并且其他钻井队也出现了这种情况。经过调查与核实，王进喜最终大胆提出要修改钻井设计方案。

油田党组织专家针对王进喜发现的问题进行了试验，并确定是钻井设计方案出了问题。幸好王讲喜及时发现问题，为国家减少了不必要的耗费。之后，王进喜又带领钻井队进行了多次技术革新，使其当之无愧地成为了油田的“工人工程师”。

话题回到打“直井”。王进喜在经过一段时间的摸索后，认定打“直井”的一个重要前提就是对钻头和钻具进行改造。队员们有的心里打鼓，不知道这样一来能否达到预期的目的，王进喜鼓励他们说：“只要按照科学的方法，就一定能成功。打直井总要迈出第一步，不试试怎么行?”

改造好的钻头开始进行试验，大家的心“砰砰”跳得厉害，眼看着钻头“轰轰”地向下钻，也眼看着第一次试验的失败。失败不怕，王进喜更愿意从失败中找原因。经过反复检查、试验和革新，最终敲定了钻头、钻具的最佳比例，老钻机迎来了新的生机，打出了3度以内的直井。

3度以内的直井是一个新的开端，此后，王进喜又带领钻井队创造了仅有半度的直井成绩。王进喜正是凭借“识字搬山，科学求实”的态度，在学习和工作中取得双丰收!

## 心系群众，甘心奉献

翻看王进喜那厚厚的日记本，其中一页这样写道："毛主席教导我们要当'孺子牛'。我小时放过牛，最懂牛的脾气，牛吃草，马吃料，牛的享受最少，出力最大，所以还是当一头老黄牛最好，我愿为党、为人民当一辈子老黄牛，艰苦奋斗一辈子。"

在钻井队里，王进喜既是队长又是党员，别看他表面上粗枝大叶，可心思却很细腻，处处为群众着想。王进喜刚到钻井2队担任队长时，他就注意到了一个问题——职工宿舍偏远。钻井队员们每天忙忙碌碌地工作，很少有时间去买粮食或是生活用品，再加上住的地方离商店太远，买东西就成了队员们的一大困难。

王进喜听队员们说，粮店的门口经常排起长队，买粮食要等很久。在家中没粮的情况下，一些钻井队员只好请假去买粮食，耽误了工作。为了解决这个问题，王进喜亲自跑到粮店，一看究竟。果然，他老远就看见了一条长队，卖粮食的人为数不多，忙得不可开交。

王进喜想到，不如我们自己办个粮店，解决"买粮难"的问题。于是，他找到粮店的负责人进行协商，并达成了钻井队盖粮店，粮店人员负责管理的共识。随后，王进喜带领大伙齐动手，盖房子。粮店改好后，大大缓解了周边"买粮难"的问题，钻井队员们对王进喜的这一举措交口称赞。

我国在六十年代曾遭受过一次百年不遇的自然灾害，长达三年之久。在此期间，靠力气吃饭的石油工人们的日子更是难熬。当时的大庆贫瘠不堪，甚至连钻井队员的居住问题都难以解决。有些人在国家政策调整之时，思想开始动摇，觉得自己干得多，挣得少，感到极为不平衡。为了扭转这种局面，油田党委提出要积极发扬“南泥湾精神”，自己动手，丰衣足食。

身为党员的王进喜积极响应党的号召，以身作则。同时，他考虑到：发展建设是好事，但是石油工人的本职工作还是开采石油，工作重心还是应该在钻井台上。那么，怎样才能一举两得呢？王进喜的脑海里冒出了一个想法——发动家属。

妇女能顶半边天，王进喜对这句话深信不疑。他积极联络和组织钻井队员的家属们，为她们做思想工作，带领她们开荒种地，还教给她们用“干打垒”的方法盖房子。“干打垒”，实际上就是一种简易的筑墙方法，在两块固定的木板中间填入黏土，用这种方法盖出房子，又省时又结实。

如果说，大庆的前线是石油战场的话，那强大的后方就是庄稼地。王进喜两手都要抓，两手都要硬。远远望去，大片的庄稼地里，王进喜总是弓背牵犁，汗满衣襟。他带领妇女们在这片肥沃的土地上，开垦了大片的耕地，还为钻井2队盖起了7000多平米的宿舍区。春去秋来，钻井队喜获丰收，粮食产量高达5万多斤，蔬菜竟10万多斤，形成了一个规模庞大的工农结合的新典型。有一年，周恩来总理来到大庆视察工作，在看到这里一派欣欣向荣的景象后，夸赞道：“工农结合，城乡结合，有利生产，方便生活。”

王进喜带领大家过上好日子，打心眼儿里高兴，对于队员们的家人，他更是如亲人般对待。钻井队中有一位名叫张启刚的工人，在1960年的一次事故中殉职，留下了孤苦伶仃的老母亲。王进喜得知后，便挑起了照顾张启刚母亲的担子。张启刚的老家远在陕北，王进喜就把钱和粮票寄到陕北去，无论自己过得是否富裕，多少年来，他都不曾间断对张启刚母亲的接济。

一点一滴，王进喜都是真情流露，无论在大庆取得了多么大的成绩，无论在全国获得了令人赞叹的荣誉，王进喜始终回归于这片质朴的土地，心系群众，甘心奉献。

## 民族脊梁，铁人精神

1989年，大庆市解放二街8号，“铁人王进喜同志英雄事迹陈列室”兴建。2003年10月8日，铁人王进喜纪念馆迁建。2006年9月26日，大庆市让胡路区世纪大道和铁人大道交汇处，铁人王进喜纪念馆开馆。这一切都是为了纪念和缅怀离我们而去的“铁人”王进喜。

1970年4月5日，王进喜参加了玉门地区召开的全国石油工作会议。会上，他豪迈地提出“大庆产量要上四千万吨，全国产油一亿吨”的口号。然而，在这震天动地的口号背后，谁能想到，王进喜正病魔缠身。

玉门会议期间，王进喜多年的老胃病复发，经医院诊断为胃癌晚期。在病魔面前，“铁人”王进喜没有屈服，病痛丝毫没有影响他的工作热情和干劲。

国庆节那天，王进喜以中共中央委员的身份参加了国庆观礼，这也是他人生中最后一次度过国庆节。入秋以来，王进喜的病情逐渐恶化，他似乎感觉到自己即将走到生命的尽头，把随身装着的一个纸包交给了守在病床前的一位同志。那位同志接过纸包有些愕然，纸包叠的严严实实，打开一看，竟是一沓钱。这些钱是党组织为王进喜提供的补助款，另外还有王进喜亲笔记的账单。账单上清楚地记录着年月日和金额，一分也不少。王进喜说今后他用不着这些钱了，请把它用在更需要的地方。

1970年11月15日深夜，王进喜因病逝世，时年47岁。他的离去使全中国的人民为之惋惜，他的离去是中国石油工业的重大损失。18日，在北京八宝山革命烈士公墓为王进喜举行了隆重的告别仪式。党

◎铁人王进喜纪念馆

和国家领导人以及中组部、石油工业部、黑龙江省等领导，前来参加了告别仪式。此外，大庆油田、玉门油田的干部、群众自发组织起送行队伍向王进喜告别。

“铁人”长眠，但“铁人精神”却如擎天的钢铁般屹立不倒。铁人精神，即“为国分忧、为民族争气”的爱国主义精神；“有条件要上，没有条件创造条件也要上”的艰苦奋斗精神；“宁可少活20年，拼命也要拿下大油田”的忘我拼搏精神；“为革命练一身硬功夫、真本事”的科学求实精神；“甘愿为党和人民当一辈子老黄牛”的甘于奉献精神。

在王进喜纪念馆前有一座高大伟岸的雕像，是王进喜手持刹把的形象。纪念馆内有许多记录王进喜工作时的照片，其中有一张是他置身于泥浆中，用身体搅拌泥浆，制服井喷的照片。如今，人们再次把目光停留在那张泛黄的黑白色照片上时，仍旧能够被王进喜那狂热的劳动干劲所折服，仍旧被他奋不顾身的举动而动容。

多少年过去了，石油工人始终秉承着王进喜的“铁人精神”，为石油工业做出了巨大贡献；多少年过去了，国家和人民始终不忘大庆油田的功臣——王进喜。王进喜在大庆奋斗了10多年，他早已把心血灌注在大庆油田，而铁人精神也始终与“爱国、创业、求实、奉献”的大庆精神同在，成为了真正的民族脊梁！

# 西沟女儿——申纪兰

我还是农民，还要种地，还要栽树，还要修路，建设新农村就是我的任务。

——申纪兰

◎申纪兰

申纪兰，女，汉族，1929 年出生，山西省平顺县西沟村人，1952 年第一次被评为全国农业劳动模范，1953 年入党。1953 年 5 月 19 日，申纪兰作为中国妇女代表团成员，出席了在丹麦首都哥本哈根举行的世界妇女大会，1954 年被选为全国人大代表，以一个农民代表的身份出席了第一届全国人民代表大会。此后，连任二至十一届全国人大代表，是全国唯一一位连任 58 年的人大代表。1973 年被任命为山西省妇联主任，1979 年获全国劳动模范称号。2009 年 9 月，申纪兰被评为“100 位新中国成立以来感动中国人物”之一。

## 走上致富之路

2012 年 5 月 16 日、17 日，在北京梅兰芳大剧院展演两天的大型纪实现代戏曲《申纪兰》场场爆满，受到了观众们的一致好评。《申纪

◎现代戏曲《申纪兰》剧照

兰》是以全国一至十一届全国人大代表、著名全国劳动模范申纪兰为原型创作的，其通过充满地域特色的语言对白、特色的戏曲化手段、以在浓郁的农村自然风光映衬下，再现了申纪兰从上世纪 50 年代初期到改革开放以来，打破传统束缚、争取男女同工同酬；带领全村百姓艰苦奋斗，改变家乡落后面貌；淡然面对荣誉和地位，永葆劳动本色；坚持改革开放，与时俱进的传奇人生。

昔日的西沟被人们这样评价“山是石头山，沟是乱石沟，旱涝冰雹年年有，粮食十年九不收。”其他村庄都是以面积大、收成好而被大家所知的，而申纪兰的家乡西沟村却是以贫瘠落后而闻名。村子位于太行山上，总面积 2.9 万亩，耕地面积仅有 1500 亩左右，4 亩地在那里来说就算是大块耕地了，有的土层甚至还不到 1 尺厚。除此之外，全都是些不长草木的石头山和极易发生洪涝的河滩。在这样的地方想要脱贫致富，可想而知是难上加难，但是好强、执着的申纪兰却为治理荒山开了先河。

申纪兰开始加入到太行山区建设的时间比较特别，她在结婚后的第六天就迈出家门，参加了全国劳模李顺达领导的，由 6 户农民共同创办的平顺县首个互助劳动小组。在当时的社会条件下，妇女出门劳动是罕见的，申纪兰的行为并不被家人或村民们所认同，但是她却坚持这样做，她认为只有开荒才能看到脱贫致富的曙光。

申纪兰上山开荒，治理河滩的劲头之足，让村里的一些男人们都感到汗颜，村民们把她劳动场景编成了顺口溜：“地冻不收兵，下雪不停工，两头见星星，夜战点马灯”。申纪兰上山后，还发动了村里的其他妇女，组成了一支女子植树队。妇女能顶半边天，这话确实说的在理。她们刨石头、清石渣、填土坑、种树苗，劳动强度和热情毫不逊色于男人。水源在10里外的地方，申纪兰就带着几个妇女扛着担子去挑水。为了多种树，申纪兰宁可少休息，挑灯夜战也要建树林。数十年下来，从前的荒山已成为1万多亩的苍翠，成为了西沟人最为骄傲的景致。

开荒山，靠种树，治理河滩就更有难度了。每逢雨季来临，一次接一次洪涝导致了泥石流，侵吞着贫瘠的西沟村。为了抢救村民们的财物，申纪兰曾跳进齐腰身的水中，奋不顾身地帮村民捞物品，捞东西。为了避免洪涝带来的灾害，申纪兰积极参加到修建水库的工程中，曾连续三天三夜地抬石头，手磨破了，腰累酸了，腿站麻了，申纪兰没抱怨过一声。

申纪兰就是凭借这种不屈不挠、不怕吃苦的精神带领着西沟人奋战了几十年，终于使西沟村摆脱了贫瘠落后的名声。脱贫是一方面，还要致富。改革开放以后，西沟村致富的路子更多宽了。申纪兰率先提出：“远抓林，近抓农，修好路，吃饱肚，村办企业迈大步”的口号，她为了村里的建设，北上南下，取经学习，为了求资金、谈项目，不知跑了多少趟，说了多少话。

从1978年起，西沟村办起了磁钢厂、硅铁厂和饮料厂，各厂效益节节攀升，为西沟村带来了极为可观的收益。西沟村家家户户都盖起了新房，买来了电视，装上了电话，日子一天比一天好，村民们都说：“这可都是咱们申纪兰的功劳啊！”

如今的西沟村早已今非昔比，那山坡下蔓延的绿地草坪，五颜六色的花坛组成了一个村中的休闲公园，凉亭和座椅依山而建，巨幅的山体壁画和洁白的九龙壁无不让人流连忘返。60 年代初，这里修建了一座展览馆“西沟展览馆”，2000 年重修扩建，其外观已经比乡政府还要夺人眼球。在“西沟展览馆”内详细地介绍了申纪兰和西沟村的历史，村民们都说，申纪兰是山里人的骄傲，是西沟的骄傲！

## 难舍农民本色

从 50 年代，到新世纪，再到 2012，申纪兰始终不变的是她那最真实的农民本色。有人曾说，这是申纪兰“最了不起的品质和智慧”。

1973 年 3 月，申纪兰被任命为山西省妇联主任。在妇联工作，比在村子里干农活要轻松许多，可对于习惯了劳动的申纪兰来说，似乎是无福消受这等清闲。申纪兰说：“我是太阳底下晒的人，不是坐办公室的人。”于是，她坚持着早起的好习惯，起床后就开始找活干，不是帮别人打水，就是到食堂帮忙洗碗。

当时，申纪兰的一位好友觉得“劳动才是申纪兰的长处”，就给她出了一个主意：继续任职妇联主任，没有会议的时候，就回到村里，拿起锄头，想劳动就劳动！听到这个提议，申纪兰开口说道：“这个主意好！”申纪兰不但采纳了朋友的意见，还如此这般地持续了 10 年。她认真地做好妇联主任的每一项工作，并且为自己规定了“四不”原则：不定级别、不转户口、不要工资、不坐专车。

“不脱离农村，不脱离农民，不脱离劳动”是申纪兰的座右铭，1983 年，她从省妇联主任卸任后，一样是这样做的。那时，申纪兰已经年过半百，劳动了半辈子的她还是没能停下脚步。

当时，西沟村的包产到户开始正式实施，申纪兰又挑起了这个大梁。为了帮村民们开拓新的致富方向，申纪兰带着几名村干部南下考察。在河南，申纪兰见到了当时已经很有名气的刘庄村支部书记史来贺。“老申，光靠种地富不了，赶快上工业吧，西沟石头多也是资源。”史来贺的话彻底帮申纪兰打开了思路，她坚定不移地说：“对，无工不富。”

此后，申纪兰亲自带领西沟村的村民们办起了硅铁厂。

许多村民还清楚地记得，硅铁厂正式投产的前一天，大家都在为此紧张地忙碌着。当时已经年近 60 岁的申纪兰硬是要和大家一起装炉。也许劳动带给了申纪兰一身硬朗的身体，也许是建厂的喜悦带给了申纪兰更多的动力，她扛起重重的电极弧只身爬上铁梯，直到第二天清早才肯休息。

期间，很多人劝申纪兰别干了，休息一下。可是申纪兰的脸上却一直带着微笑，她说：“看到咱们村建设第一个工厂，我简直太高兴了！”当滚烫的铁水缓缓地从炉嘴流出的时候，申纪兰热泪盈眶。这位在困难和艰苦面前都没哭过的女人，竟然在那一刻掉泪了。

吃过苦、干过活的申纪兰即便是出了名，有了荣誉也丝毫没改农民本色的另一个显著特点——勤俭节约。1987 年，村里筹办钢铁厂，申纪兰和村民周德松到山西化肥厂拉钢材。到了钢材厂一打听才知道，装卸一吨钢材要交 50 元的费用，为了省下这笔钱，申纪兰决定自己动手装卸。于是，申纪兰带着周德松一趟趟地搬运钢材，直到太阳下山才全部运完。事后，周德松问申纪兰：“搬运钢铁的活那么累，您已经上了年纪，何苦呢？”申纪兰摆摆手说：“咱们农民挣钱都不容易，大伙的钱更要省着用，没必要花那个冤枉钱。”

1988 年秋的一天，硅铁厂突然停电，导致结炉。申纪兰得到消息后，立刻赶到厂里了解情况。当时清炉的费用是 2000 元，申纪兰想了想，决定自己清炉。当时，炉内的余温也很高，脚踩上去不久鞋底就被烧焦了。申纪兰说了句“不碍事”，就带头下炉，干了起来。在申纪兰的带动下，厂里的工人们也纷纷下炉清洗。几个小时过后，炉子清好了，申纪兰早已是汗流浃背，满脸通红。当她回头看看那清好的炉子，又浮现出了满意的笑容。

对于申纪兰的一些做法，也许很多人会想不通，正像村民们说的一样“老申你究竟为了啥！”然而，申纪兰不会变了，她不会舍弃保持了一辈子的农民本色！

◎申纪兰带领群众开荒

## 连任人大代表

申纪兰的人生中有很多面：合作社副社长、妇联主任申纪兰、劳模申纪兰、党员申纪兰……

1952年，申纪兰加入村里的合作社并当选为副社长。当时的妇女大都受到封建思想的束缚，足不出户，根本不下地务农，申纪兰就积极动员村里的妇女们参加劳动，并提出“男女同工同酬”，为妇女争取到平等的社会地位。后来，“男女同工同酬”被纳入了《宪法》。

1953年，人民日报发表文章《劳动就是解放，斗争才有地位》，真实地报道了西沟村生产合作社妇女争取同工同酬的经过。申纪兰的名字从此走出了太行山，她还荣幸地被派去丹麦参加了第二届世界妇女大会。同年，申纪兰加入中国共产党，并被评为全国劳动模范，之后担任过平顺县县委副书记、山西省妇联主任。

对于一个普通的农村妇女来说，这些职位和称号已经是莫大的荣誉了，然而，更让申纪兰受到瞩目的是她担任人大代表的那一面。申纪兰是中国唯一一位连任十一届的全国人大代表，她曾自豪地表示：

"我的人生经历见证了中国的民主。"

可以说，申纪兰见证了中国人民代表大会的发展历程。申纪兰因为大胆地提出了"男女同工同酬"，在中国妇女解放的道路上树立了一座里程碑，同时她也因此得到了全国基层百姓的支持，被选为第一届人大代表。

申纪兰还清楚地记得自己第一次到北京参加第一届人民代表大会走过的那段路。从山西到北京，要走很长一段路，当时的交通还不发达，需要辗转多次。当年，从县里出来只有弯弯曲曲的一条小路，申纪兰先是坐着毛驴来走了一段，到达长治后，换乘汽车到太原，再倒车……前后共换乘了四五趟车才到达北京。

申纪兰是中国妇女的骄傲。当时，参加第一次人民代表大会的代表有 1210 人，妇女大概有 100 多人，申纪兰就是其中的一位。在会上，最让申纪兰难忘的事情就是与毛主席握手。回忆起当年的情景，申纪兰仿佛历历在目："毛主席来接见我们，跟我们照了相，握了手。我们都感动得热泪盈眶。"

当上人大代表的申纪兰仍然扎根西沟村，在这几十年中她不知接待了多少位上访者。这些上访者中，有住在山西本地的，也有全国各地的。申纪兰见到那些千里迢迢赶来的上访者关切的问："在你们当地也都有人大代表，怎么找到这里来了?"

那些上访者无奈地回答："我们也想找，可是找不到。那些代表们都是领导，根本见不上，就你最好找，到了西沟，一下子就找到了。"后来，申纪兰了解到，他们大部分人都是遇上不好解决的难事，通过报纸、电视，知道她参加了全国、省里的人代会，和中央的、省里的领导在一起，就想着找农民代表能说上话。通过这件事，申纪兰也对人大代表这个身份有了更深刻的理解——反映问题的渠道。

担任人大代表期间，申纪兰始终坚持原则——相信党。申纪兰对待上访者都是一碗水端平，公正、公开。每位上访者递交的材料都会被申纪兰完好地保存好，在没有调查的前提下，她是不会随便在材料上签字的。申纪兰表示，自己不是法官，更不愿错怪好人，遗漏了坏人。

申纪兰愿意当好帮群众反映问题的“渠道”，她利用召开各级人代会的机会，把收到的资料完好地转交给负责解决相关问题的部门。当了几十年的人大代表，申纪兰也因为工作关系认识了很多部门领导，但是她从不通过个人关系去表达自己的看法，她希望部门的负责人能够客观地解决问题，而不能受到某个人的影响。

当然，也正因为如此，某些提交的问题很快就得以解决，而有的问题则没能解决，这使得一些人对申纪兰报以批评和指责。面对那些非议，申纪兰总是泰然处之，因为她坚信，是非自有公论。俗话说：身正不怕影子斜，申纪兰就是这样一路走来的。

从 1978 年的第五届人民代表大会起，定为每 5 年召开一次，而随着时代的变迁，人民代表大会的程序、人大代表的职责从不同程度上有了变化。最初，人大代表要做的就是在选票的上画圆圈，而后，便需要在会上提出建设性的建议或议案。用申纪兰的话说，“现在的全国人大会议变化太大了，以前是举手表决，现在是按键，电子计票，先进多了”。这样的变化是好的，但是对于年迈的申纪兰来说有些吃力。她小时候家里穷没上过学，为了不断提高自己，能在人代会上有出色的表现，就下苦功学习。那时候，对于申纪兰来说，读书、看报、听广播，一样都不能少。通过不断地努力，申纪兰后来可以脱离稿纸，滔滔不绝地在党课上连续讲上几个小时。

从参加第一届到第十一届人代会中，申纪兰从来都没投过反对票，因为在她的心里有一个原则：当人民代表，就要代表人民的利益，不能从自己的利益出发。她说：“只要是符合人民利益的，我就投票赞成。不符合的事，我就不投票。”

## 荣誉永不退色

走进申纪兰老人的家，最吸引人的莫过于她与中国几代领导人的合影。整整两个墙面，那些不同时期的珍贵照片，纪录了申纪兰至高无上的荣誉。毛泽东曾先后三次接见申纪兰，之后历任党和国家领导人都曾接见过她，都曾与她那双布满老茧的手相握。

从上世纪50年代起，申纪兰就通过劳动获得了她人生中的第一个荣誉。1950年，申纪兰动员村里的妇女参加劳动互助组，之后与著名劳模李顺达携手创办了闻名全国的“西沟金星农林牧生产合作社”，并被推选为副社长。从此，申纪兰的事迹逐渐传遍了全国，1952年她获得了“全国农业劳动模范”称号。

申纪兰同志：

最近我在《中国妇女报》上看到一则消息，介绍你在当今改革开放建设有中国特色的社会主义道路上为发展农村经济做出的新成绩。由此使我回忆起一九五三年六月，我们曾一起赴丹麦哥本哈根参加“争取妇女权利及世界和平”世界妇女大会时的情景，虽已时隔四十载，我还记得当时我们两人把皮鞋换着穿，你还记得吗？你热情朴实，事业心强，给我留下深刻印象。

……

这封信是1993年4月27日著名社会学家、社会活动家雷洁琼写给申纪兰的一封信。展开信笺，时间仿佛流回到她们年轻的时候。1953年对于申纪兰来说是一个丰收年，她于年初光荣地加入了中国共产党，

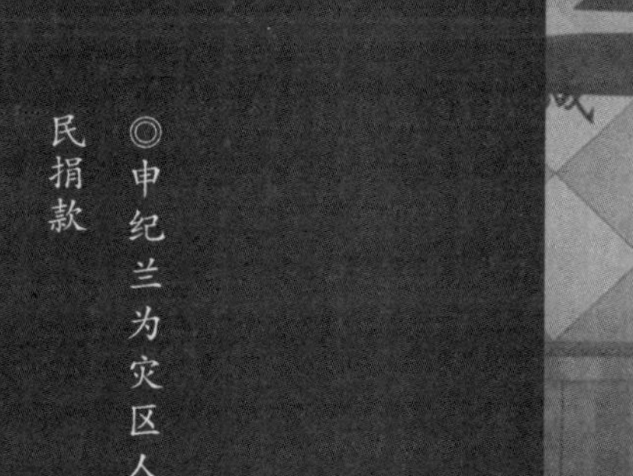

◎申纪兰为灾区人民捐款

同年 4 月，申纪兰还被选为全国妇女代表，出席了第二次全国妇女代表大会。5 月 19 日，她作为中国妇女代表团成员，出席了在丹麦首都哥本哈根举行的世界妇女大会，并在会上结识了雷洁琼，从此二人结下了近半个世纪的友谊。那时候的申纪兰被鲜花和掌声包围，好像有一种“飞上枝头变凤凰”的感觉。可是一回到家乡，申纪兰就又穿起了她那些带补丁的衣服，说自己是劳动人民，穿这样的衣服舒坦。

面对荣誉，申纪兰毫不自满，当她接到荣任山西省妇联主任的消息时，却拒绝了。她的理由是自己文化程度低，没有相关的工作经验，恐怕不能胜任。可是申纪兰的工作能力是有目共睹的，她最终还是被推举成为了妇联主任。组织上预备给刚刚上任的申纪兰转户口、定级别、配专车，但是她却说：“我的户口在西沟，级别在农村，身体能走能动，用不着那些。”对于名利的淡泊，似乎更加映衬出申纪兰极强的荣誉感，她所追求的并非个人的荣誉，而是集体的荣誉。

1954 年，25 岁的申纪兰以一个农民代表的身份出席了第一届全国人民代表大会，从此便连任十一届人大代表，成为了国际友人口中的资格最老的“国会议员”。2008 年四川省汶川县发生大地震，年近 80 岁的申纪兰把自己的 1 万元积蓄全部捐献给了灾区人民。2009 年 9 月 14 日，申纪兰作为 100 位新中国成立以来感动中国人物之一，受到中共中央全体常委领导的亲切接见。

光影流年，这些经历都是申纪兰最珍贵的回忆，而那些荣誉将永不退色。

# 造福农民五十载——史来贺

我平生有三件痛快事：

一是下着大雨，光着脊梁淋着雨在地里干活最痛快；

二是为刘庄、为集体干成一件事最痛快；

三是看到刘庄富了，全国的农民都富起来，我心里最痛快。

——史来贺

◎史来贺

史来贺，男，1930出生，河南省新乡县七里营镇刘庄村原党委书记，全国著名劳动模范。1949年，加入中国共产党。先后5次获得“全国先进生产者”、“全国先进科技工作者”和“全国劳动模范”称号，被誉为一面永不褪色的旗帜。2003年4月23日，史来贺在河南新乡逝世。2009年9月，史来贺被评为“100位新中国成立以来感动中国人物”之一。

## 跟党走，拔穷根

“方圆十里乡，最穷数刘庄。住的土草房，糠菜半年粮。逃荒把饭要，忍痛卖儿郎。”这是史来贺儿时家乡传唱的一首民谣。史来贺就生长在这个偏远落后的村子——刘庄。

刘庄地处黄河岸边，在河南省新乡市西南约10公里处。相比周边的其他村落，刘庄是个很不起眼的小地方，没有任何天然的地理优势。反而由于靠近黄河，几度遭受河水改道之灾，村民祖祖辈辈都没能发展起来。再加上旧社会的剥削和压迫，村里的百姓更是思想封建、迂腐落后，各家各户都是家徒四壁，一贫如洗。

这样的日子直到1948年刘庄解放才得以改变。村里的人们总算熬到了头，看到了希望。那一年，史来贺18岁，正是英姿勃发的年纪。他在工作队队长的影响下，接触到了新思想、新文化，了解并学习到中国共产党的宗旨、信仰和目标。

揭去旧的黄历，翻开崭新一页。刘庄百姓无不沉浸在自由解放，翻身做主的喜庆气氛中。年轻力壮的史来贺，脑筋快，办事稳，很快就当上了周边八个村的民兵联防队队长。在史来贺的带领下，民兵队员训练有素，保障了各个村落安全，村民生活秩序井然。1949年，新中国成立，全国上下一片欢腾。史来贺也在建国这一年光荣地加入了中国共产党，与新中国共同成长。入党那天，他立下誓言："跟党走，拔掉穷根，让老百姓过上好日子！"

1952年，贫农出身的史来贺21岁，年轻有为的他当选为刘庄村支部书记。刚刚走马上任，摆在他面前的是一个大难题。

刘庄村的面积为1.5平方公里，黄河的多次改道都波及此处，留下了4条深达3米左右的沟渠，进而形成了750多块坑洼不平的滩地。这些滩地被村民们称为"耷拉头"、"盐碱洼"或"蛤蟆窝"，单听这些奇怪的名字，就能想象到一块块贫瘠、荒废的土地。一次又一次的水灾已经阻碍了刘庄村民发家致富的道路，史来贺想到，不能再让土地耽误了大家过上好日子，一定要彻底拔除穷根！

解决土地问题，才是杜绝被水淹没的本质，那些纵横交错的沟渠就是刘庄世世代代的"穷根"。恰逢1953年全国治理黄河的水利工程上马，干劲十足的史来贺带领全村人展开了治理土地的运动。身为党

◎史来贺带领群众平整土地

员的史来贺身体力行，组织起党支部其他成员，“如今是新社会了，咱再不能一遇灾年就想着逃荒要饭。有共产党的领导，只要大家心齐，就一定能闯过这道难关！”他号召大家齐动员，要在治理土地，拔除穷根的战役中，打一场胜仗。

“治理土地，拔除穷根”的口号在刘庄喊得又响又亮。说干就干，需要两三个人推的独轮车，史来贺一个人推起来就走，恨不得把全身的力气都用在工地上。寒冬腊月，史来贺患上了疟疾。大家让他在家中休息，可史来贺却穿着那件破旧的棉袄，紧紧地勒了勒腰间的粗布腰带，又跑到工地里干起活来。他的精神感染了全村的人，大家团结协作，用车推、用肩挑、靠人抬，拧成了一股绳。

20年，史来贺用了整整20年，带领大家在刘庄这块不起眼的土地上创造了奇迹，沟渠被一车、一铲的土填平了。原来的“盐碱洼”和“蛤蟆窝”发生了翻天覆地的变化，成为了“旱能浇”、“涝能排”的现代化农业园区。有了好的土地基础，史来贺又开动脑筋要在这片肥沃的土地上做文章，开始钻研棉花种植方面的知识。有志者事竟成，经过改造的土地上生长出的棉花产量高于当时全国平均产量的3倍，不但高产，而且稳产，取得了前所未有的大丰收，史来贺也因此获得了“全国植棉能手”的称号。

史来贺没有因取得成绩而骄傲，作为一名基层党员，他坦率地说，党领导人民走社会主义道路，就是让大家过上好日子。如果群众一直过不上好日子，那就是咱共产党人没本事。要做“有本事”的共产党人，是史来贺的目标；“跟党走，拔穷根”是史来贺的誓言；他正是靠着这种决心，坚持党的路线，在1960年全国经济严重下滑的时期，顶住了压力，经受住了考验，保证了刘庄亩产皮棉160斤，粮食亩产1000斤以上的好收成。

60年代中期，全国逐渐从经济大萧条中走出来，刘庄的大部分村民的生活和居住环境已大大改善，很多人盖起了新瓦房。在史来贺的带动下，刘庄的村民们辛勤劳作，用心经营，最终拔掉了“穷根”，摘掉了“最穷数刘庄”的帽子。

## 奔光明，致富路

棉花丰收，突破产量新高，史来贺因此备受瞩目，他所在的刘庄也开始成为全国实验田地的先进典型。辛劳的汗水换来了累累硕果，史来贺意识到，他已经带领刘庄的村民们站在了通往致富路的起点，之后要做的就是奔向光明的致富大道，一往无前。

◎史来贺在棉田

20 世纪 60 年代，刘庄的村民们已经基本解决了温饱问题，吃穿住行已经用不着发愁了，但是，在此时止步不前将会坐吃山空，必须要让家家户户都富起来。于是，史来贺想到了“创业”。

开辟农作物种植以外的领域，是史来贺想到的第一个生财之道。他最先把致富的触角伸向了畜牧业。胆大心细是史来贺做事的特点之一，当时，他带着村里的全部积蓄——90 元前往新乡买回了 3 头小奶牛，随后办起了刘庄第一个奶牛场。在边学习边经营的过程中，史来贺独挑大梁，付出了比其他人更多的汗水，使奶牛场获得了盈利。

之后，史来贺继续扩大发展，用奶牛场获得的收入，果断派人前往新疆，买回了当地的 27 匹母马。积累了几年的农场经验，让史来贺尝到了甜头，奶牛成群，马群扩大，并且几乎每年都可以出售几十匹小马。除此之外，村里后续又饲养了猪和羊，畜牧业扩大并趋于完善，当时刘庄一年在畜牧业方面的收入已突破百万元大关。

史来贺带领刘庄村民在致富路上的步子越迈越大，大家的生活和居住条件又登上了一级台阶。70 年代，刘庄全村整体改建，从原先的大瓦房，翻新成一座座宽敞明亮的双层“小洋楼”。

1978 年，党的十一届三中全会召开，史来贺乘着改革的春风，又带领全村人奔向了更新、更高的科技领域，发展现代化工业成为了刘庄的重中之重。1985 年，史来贺和刘庄的党支部成员经过反复商议，最终下定决心，大力度投资兴建一座生物制药厂，名为华星药厂。这座制药厂是当时全国最大的生产肌苷的生物制药厂。但是，一开始由于规模大、投资多、缺少此类尖端人才，建厂也惹来了不少非议。

村民们对史来贺的这个做法纷纷表示担忧，怕搞不好得不偿失。性格直爽豪放的史来贺却说：“事在人为，路在人走，业在人创，人家能干成，咱也能干成!”决心有了，可是困难还在。毕竟制药厂里缺少专门的技术人员，几经试产之后，产品均不符合标准。大家急得团团转，辛辛苦苦赚来的钱，就这么打水漂了？

史来贺不甘失败，鼓励大家说：“创小业，作小难；创大业，作大难；不创业，穷作难。办法总会有的，咱们群策群力，一定能攻不下这道难关！”制药厂面临停产之时，史来贺得知无锡有一位著名的制药专家，便亲自登门拜访。最终，史来贺“三顾茅庐”的诚心感动了制药专家，于是，这位专家欣然到厂里“坐镇”。

然而，除了制药专家以外，偌大的制药厂还需要有高素质的、由专业技术人员组成的团队。为此，史来贺把正在读大学的儿子动员回村，当了一名制药厂的技术人员。一个又一个难题，在史来贺的不懈努力下迎刃而解。1986 年，排除万难后的华星制药厂正式投入生产，大大增加了刘庄整体的经济效益。

四年后，史来贺决定借着成功的势头，兴建华星药厂第二分厂。这又是刘庄的一件大事，而且投资的金额高达六七千万元。村民们虽然已经富裕起来了，可提到要投资这么多钱办厂子，还是捂住腰包，不敢放手。

想要成就一番事业，必须要有魄力，所以，史来贺毅然决定与村民们签订了一份“特殊”的协议。这份协议的内容是：如果办厂失败，史来贺一人承担所有损失；如果办厂成功，全部收益都归刘庄所有，每家每户都有份。全村的人都被史来贺这种创业的执着和勇气深深地折服了，一致表示同意投资。他们的信任无疑是正确的，新建的华星制药厂第二分厂在短时间内又为刘庄创造了可观的收益。

刘庄的名气越来越大，甚至都产生了国际影响。一位美国女记者带着疑问来到刘庄，她要亲眼看看，中国的农民如何搞生物工程？刘庄又是如何在同行业出口创汇的排行中，拔得头筹的？经过一个月左右的亲身体验，这位女记者彻底信服了，不住地感叹“社会主义好，刘庄发展得好！”

## 赤诚心，为群众

史来贺是刘庄致富的领头人，使刘庄脱离了贫困，人人富足。1956年，史来贺已经当了四年的刘庄村支部书记，当时享受到了新乡县委干部的待遇。但是他却始终心不离群众，身不离农村，把一颗赤诚火热的心，都扑在了基层工作上，为群众办事，为百姓着想。

身为一名与新中国共同成长起来的老党员，史来贺常把一句话挂在嘴边——“共产党员的称号不是索取，而是奉献。”对于他来说，村民的事就是自己的事。

七十年代初，刘庄迎来了新一轮的改造。全村对于房屋建设进行了统一的设计规划，预备盖出村里的第一幢楼房。当时所需的木材很多，村里一时供应不上。为了解决这个难题，史来贺决定砍掉自家的六棵榆树。这六棵榆树长得又高又壮，原本是史来贺家留着卖钱给女儿当嫁妆用的，妻子一听要砍倒这六棵树，有点不舍。史来贺却说：“我是党员，又是村支部书记，在村里需要我的时候应该义不容辞，也更应该起到模范带头作用。”

之后，史来贺把原本价值3000多元的六棵榆树半价转给了村里。有人说，史书记这么做不是亏了吗？可史来贺却觉得“吃亏是福”，他笑着说：“当干部就得吃亏，就得为群众谋利益，全心全意为人民服务。”

在刘庄，无论是谁，史来贺都惦记在心，关怀备至。刘庄建设好以后，家家户户住进了新楼房，可村民们都没忘记史来贺曾经带人挨家挨户地修房子的情景。

最早，刘庄的村民们都住在简陋的土坯房，遇到刮风下雨，就像闹了灾。外面下大雨，屋里下小雨。每到这时，史来贺顾不上自家漏雨，第一时间，带着村党支部成员，相继赶到漏雨的村民家中帮助修缮房屋。房屋修好后，村民们握住史来贺的手，感激不尽，有人说："史书记，你家的房子怎么办？"史来贺开玩笑说，自己要住在漏雨的房子里，这样，下雨的时候，才更容易想到群众的房子漏不漏。

史来贺土生土长在刘庄，他对待村民好，也待来刘庄打工的外地务工人员好。村民杨丽生孩子时大出血，生命垂危。紧急关头，史来贺立即召集村里人，组成了一支 300 人的义务献血队，为杨丽及时提供了"救命血"，保证了母子平安。有一位来自安徽的农民，名叫赵兴才，来刘庄务工已经有一段时间了。他由于胆囊破裂住进了医院，情况紧急，必须马上进行手术，当时身边没有任何亲人。在这种情况下，史来贺毫不迟疑地拿起笔，在手术同意书的家属一栏中，清楚地写下了"史来贺"三个字。

1977 年末，史来贺收到了举家搬迁至新乡市里的好消息，全家人的户口问题也能随之解决。要知道，当时有很多人都盼望着能把自家的户口"农转非"，削尖了脑袋往城市跑，硬是要摆脱农民户口。但是，史来贺婉言谢绝了。地委领导见史来贺竟然放弃了如此难得的机会，问其原因时，他说："现在刘庄正处在发展阶段，新的农村建设步入正轨，工副业正刚刚开端，我要带着大伙奔小康！我不能离开这片土地，不能走！"不但如此，史来贺还劝说自己已经学有所成，本可以留在大城市发展的子女回村，为刘庄的发展做贡献。

刘庄的建设一次比一次好，仅房屋的改造就经历了三次再建。房子建好后，史来贺首先提出的要求就是自己的房子要和群众的面积一样，另外，他强调所有村民搬进新家后，自己才搬。史来贺说，看着全村的人都住上大房子、过上好日子才觉得踏实。

刘庄的村民们一说起史来贺为群众办的好事、实事，都是滔滔不绝，有人还会热泪盈眶，可见史来贺是多么的深入人心。"共产党员就是要为广大群众谋利益，如果不能使人民生活越过越好，我们就没有尽到共产党员的职责。”几十年来，史来贺用这句话要求自己，同时也鼓励其他干部党员，要始终保持赤诚之心，甘为群众奉献一切。

## 五十载，树丰碑

刘庄，五十年前，水坑洼地；五十年后，今非昔比。一切都要归功于刘庄的党支部书记——史来贺。他，坚持在这片土地上奋斗了50年；他，带领刘庄村民发家致富50年只进不退；他，农民的骄子，党员的楷模，被誉为50年不倒的红旗。他，用了整整50年，树起了一座造福农民的丰碑。

穷了几辈人的刘庄在史来贺的带领下，拔掉了“穷根”，白手起家。最初靠在湿地附近种植萝卜、白菜等维持生活，同时，盖起了制造豆腐的小作坊，尝试通过副业获得收益。史来贺思考问题缜密，眼光长远，他召集村民到距离黄河滩（黄河由北向南改道）10多公里的地方割草。割来的草料既可以出售换钱，又可以当饲料喂养牛羊等牲畜。渐渐地，村民们的日子有所好转，进而你追我赶，争着为村里的建设出力。

史来贺趁热打铁，想尽一切办法，开辟了多条生财渠道，半年内，竟连续分红四次，使村里的农户们赚到了钱，看到了希望。临近年根，大家伙的辛苦没有白费，腰包鼓鼓的。春节的时候，刘庄也张灯结彩，家家户户喜庆团圆，吃上了久违的白面馍和大馅饺子。

从最穷村到最富村，刘庄的变化有目共睹，其中史来贺的功劳最大。为此，他受邀前往北京，参加国庆观礼，同时受到了毛泽东、刘少奇、周恩来等党和国家领导人的亲切接见。那一刻，他感到无比的光荣，也更加坚定了带领刘庄走上社会主义道路的信心。

“条条大道通罗马”，史来贺早就想开辟更多的领域，使刘庄的致

富路更宽、更好。此时，恰好发生了一件事情，给了他开创机械制造业的灵感。一次，两名驾驶员尝试着把拖拉机上坏掉的喇叭给修好了。史来贺得知此事后，兴奋异常，脑袋里冒出了一个想法。他说："看来咱们农民中还卧虎藏龙啊，既然购买喇叭很困难，干脆自己制造喇叭！"

一言既出驷马难追，史来贺很快带领大家投入到研究制造喇叭的工作中。制造过程中，史来贺常常工作到深夜，老办法、新办法都用上了。边学习，边制造，边试验，几十次的失败最终成就了响亮清脆的汽用喇叭。此后，小型的生产线也开始运作了，从最开始每天制造一对喇叭，到后来每天制造上百对。刘庄生产的喇叭质量好，声音响，广受好评，很快便建造了第一个机械厂，从此，这个偏远的村庄里不仅有农民，还多了技术型的工人。

不久，史来贺顺水推舟，相继建造了食品厂、造纸厂、淀粉厂等。这样一来，刘庄由原先 1.5 平方公里的土地使用面积扩大了很多倍，改善了人多地少的问题，同时，更多的劳动力也找到了适合的岗位。

带领刘庄村民走上致富路，让史来贺成了"名人"。他不仅戒骄戒躁，还嘱咐家人要谨记三条：一不比群众特殊，二不占公家便宜，三不收礼送礼。九十年代初，村委会按规定给村民发菜金，史来贺也分到了一份。但是他却让妻子把自己的那份菜金原封不动地送了回去。

◎史来贺纪念馆

◎史来贺雕像

理由是，他已经领到了国家发给他的工资，村里的菜金他就不能要了，要返还到集体，再分到村民们手中。

当干部，史来贺从来都是一碗水端平，不偏不倚。就算是对待自己家人，也是如此。史来贺养育了两个儿子，兄弟俩品学兼优，继承了父亲的良好品质。在推荐上大学期间，有些人猜测史来贺会利用自己的职务之便，为自己的儿子托托关系，上个好大学，将来好出人头地。但是史来贺并没有这么做，他说让儿子们凭自己的真本事上学，更何况，他认为，“当农民照样可以为人民服务”。

2001 年，刘庄上百栋别墅拔地而起。每幢别墅从地下到地上共四层，面积约 400 多平方米，室内的配套家电、生活设施一应俱全。周边其他乡镇的村民无不艳羡。当时，史来贺已是 71 岁高龄的老人了，可他仍坚持住在六十年代盖的二层楼里。虽然年岁以高，可开朗的性格没有变，他笑着说：“这房子，住了这么多年，让我搬还真有些舍不得呢!”直至 2003 年 4 月 23 日，史来贺与世长辞，他始终住在这栋老房子里，而“让其他村民第一批搬进别墅居住”正是他的遗愿。

全体党员的好楷模，刘庄村民心中的好书记走了，但是他的辉煌将永远光耀照人：曾受到毛泽东、邓小平、江泽民、胡锦涛等党和国家领导人的多次接见；16 次进京参加国庆观礼，4 次当选中共全国代表大会代表，7 次当选全国人大代表并 4 次担任全国人大常委。

史来贺说过：“信仰信念是个大问题，信仰信念搞不清楚，就像人走路没有目标和方向。”他用一生完成了不曾改变的目标——造福农民。

# 用车轮转动爱——白方礼

> 我这样一大把年岁的人，又不识字，没啥能耐可以为国家做贡献了，可我捐助的大学生就不一样了，他们有文化，懂科学，说不定以后出几个人才，那对国家贡献多大！
>
> ——白方礼对南开大学老师说

白方礼，男，生于1913年农历五月十三，祖籍河北省沧州市沧县白贾村。从1987年开始，白方礼用蹬三轮车赚取的收入帮助贫困的孩子实现上学的梦想，连续近20年，直到90岁高龄。2005年9月23日，白方礼与世长辞，享年92岁（虚岁为93岁）。2009年9月10日，白方礼被评为“100位新中国成立以来感动中国人物”之一。2011年获得感动中国特别奖。

◎白方礼

## 平凡的感动

在你的印象里，年过古稀的老人会做些什么？四世同堂，安享晚年的生活或许会在大多数人的意料之内，然而有一位骨瘦如柴的老人却在74岁以后，踏上了那条令所有人都为之赞叹，为之感动的路。选择这条路的人，就是白方礼。

感动，源于平凡。白方礼1974年退休，在此之前，他就是一个不折不扣的劳动者，一个再普通不过的三轮车夫。出生在河北省沧州市沧县白贾村的白方礼，祖上几辈人都没过上好日子。年幼时，他没有条件念书，13岁起就外出打短工，期间吃尽了苦头，受尽了打骂。1944年，国内局势动荡，百姓流离失所，白方礼也随着逃荒的人流来到了天津。

在天津的日子并不好过，白方礼来到这里人生地不熟，起初只能流浪街头，以地为铺，以天为被。流浪的生活过了几年，白方礼陆续找到一些生计，苦活儿累活儿都干过，最后当了一名三轮车车夫。

在当时的社会条件下，三轮车夫是一种费力不讨好的职业，白方礼时常会被那些蛮横无理的有钱人打骂。直到解放以后，他才见到了光明，脱离了苦海。因为没有文化，也没其他的手艺，白方礼继续靠蹬三轮车赚钱。工作上的压力要承受，生活上的担子也要挑。几年后，白方礼已为人夫、为人父，他硬是靠着一股子力气，蹬三轮养家糊口。

白方礼生在贫瘠落后的地方，没有条件上学念书，所以他不愿再让儿女重蹈覆辙，就算自己再苦再累，也要供孩子们读书。大字不识几个的他，不停地在路上奔波，含辛茹苦地为孩子们攒钱。让白方礼感到欣慰的是，家中的四个孩子都健康茁壮地成长起来，并且有三个孩子考上了大学。

除此之外，白方礼一直还把钱支援给姐姐一家。白方礼的姐姐20岁时开始守寡，独自一人拉扯儿子长大。白方礼就挑起了两家人的担子，直到他的侄子上大学，他还支援了学费。虽然没上过学，但是白方礼深知，没知识、没文化就会落后，落后就要挨打。所以在白方礼心中，供孩子们读书、上学的愿望特别强烈。他嘱咐孩子们，要好好读书，将来学有所成，为祖国做贡献。

几十年的工作中，白方礼始终勤勤恳恳，任劳任怨。辛勤的汗水没有白流，白方礼被厂里评为了劳动模范，获得了厂领导和同事们的一致认可。1974年，61岁的白方礼从天津市河北运输场退休。从1982年开始，白方礼干起了个体三轮客运的工作。过惯了苦日子的他，半开玩笑的说："从小吃苦吃惯了，冷不丁让我在家享清福，还真是坐不住。"

虽然当时白方礼已经一把年纪，干起工作来依然风风火火，蹬起三轮车来敢与年轻人比试比试。两年多以后，白方礼带着蹬三轮攒下的5000多元钱回到老家河北省沧县白贾村。回到故乡后，眼前发生的一切深深地触动了这位花甲老人的心灵。

全村除了大人们都在庄稼地里干农活外，很多学龄的孩子也整日在地里干活。他们跟在父母身后，学耕地，学种田。看到这些，白方礼感到疑惑，问村里人："为什么不让孩子上学？"

村民们也是一筹莫展，给出的回答是："咱们庄稼人挣不了多少钱，供不起孩子上学啊。"

对于村民们的苦恼和困惑，白方礼深有体会，因为他也是从苦日子走过来的。回到家后，白方礼茶不思饭不想，心里装的全是如何让孩子们有学上。他想：解放多少年了，可村子里还是原先的模样。想要甩掉贫穷的帽子，就要有知识有文化。经过整夜的思考，白方礼做出了两个决定：第一，要把蹬三轮攒下的5000块钱全部捐给家乡办教育；第二，回到天津重操旧业，靠蹬三轮挣钱，供更多的穷孩子上学。

在征得全家人的同意后，74岁的白方礼回到天津，继续从事三轮车客运服务。"让更多贫困家庭的孩子上学"，这算是白方礼的一个梦想，也是一个目标。为了这个目标，古稀老人白方礼开始了一个人的征程。当他双脚踏上脚蹬子的时候，觉得身上多了一种无形的使命。风尘仆仆，车轮滚滚，闪现出的是平凡的感动。

## 爱的奉献

白方礼属牛，有人说他真像是一头勤于耕犁的老黄牛，甘于奉献，不求回报。回到天津后，他重新蹬上了他的“老伙计”三轮车，往返于天津的大街小巷。为了节省开销，白方礼过上了苦日子。衣服鞋帽，无论薄的厚的，都是他从道旁或是垃圾堆里捡来的，不知情的人常把他当成是真正的乞丐。

服装破旧，饮食更是从简，白方礼的伙食听起来让人心酸。他中午只吃两个干巴巴的馒头，酱油兑水就算是汤了。白方礼很清楚，自己这么做是为了攒下更多的钱，让更多的孩子读书。

工作了几十年，退了休，生活无忧，这是很多人梦寐以求的事情。可白方礼却截然相反，偏要“找苦吃”。很多人对此极为不解，说白方礼傻，可他却并不在意别人的看法，坚持走在自己认为对的那条路上。

白方礼的女儿也说，“有时我在街头看见他蹬车。看着那身影，心里的滋味真是不好受，说不出。就是心疼他，日晒雨淋的，别人看着还以为是无儿无女的孤老头。你说他到底为了啥？”全家人都心疼老人，劝过他不知多少回，老人的回答都一样——“你甭管，别惦记我，我挺好的。我这样活着，我觉得特别自在。”

清早蹬车出门，夜晚仔细数好一天挣到的钱，这就是白方礼简单清贫的生活。皱巴巴的纸票被捋平，硬币被码好，这时的白方礼特别高兴，因为在他眼里，这些零钱将是下一位穷孩子的学费。

在天津，唯一一所接收藏族孩子的学校名叫“红光中学”。在这里生活学习的藏族孩子大多数来自遥远贫瘠的牧区，他们的学费无疑是家庭费用的一个大开支。得知这一情况后，白方礼来到学校，开门见山地报上名字，说自己今后要用蹬三轮车的钱资助这些藏族孩子，并

且保证每月资助。

◎白方礼骑过的三轮车

说完话，白方礼把身上的钱往外拿。全是零钱，从1角、2角到1元、5元堆成了一摞。

所有的人都被白方礼的行为感动了，老人干裂粗糙的大手一连从布兜子里掏了几回，整整900元。那一年是1993年，在90年代初，近千元不算是个小数目。也是从那一年开始至1998年，这几年间，白方礼兑现了自己的承诺，月月资助，前后共帮助了200多名藏族孩子完成中学学业。

从小学课堂到大学校园，所有贫困学生都是白方礼的资助对象。一次前往南开大学捐款的经历，使白方礼不能忘怀。当时，白方礼资助贫困生上学已经有些年头了，他的事迹也在学生间口口相传。南开大学校方提出派车去接白方礼时，他脱口而出“不用了，把省下来的汽油钱给穷孩子们买书吧”。

一大早，白方礼就蹬着他那辆破旧的三轮车赶往南开大学。捐款仪式上，老师向同学们讲述了白方礼老人的爱心事迹，引得一片华彩，同时也伴有感动的泪水。当白方礼亲手把捐赠的钱交到被资助学生的手里时，他那干瘪的脸上露出了灿烂的微笑。

白方礼的所作所为不但帮助了那些贫困学生，还对他们在做人做事方面产生了深刻地影响。在白方礼资助的贫困学生中，有一位来自新疆的学生，在校期间学习刻苦，成绩均名列前茅，在毕业前夕就被天津的一家知名企业看中，希望能够招致旗下。他说白方礼是自己学习的榜样，从白方礼的身上感到了一种前所未有的精神和力量，并表示“毕业后我不留天津，要回到目前还贫困的家乡，以白爷爷的精神去为改变家乡面貌做贡献！”

听到这样的话，白方礼感动地落泪了，同时又倍感安慰，他说："我过得是苦，挣来的每一块钱都不容易。可我心里是舒畅的。看到大学生们能从我做的这一点点小事上唤起一份报国心，我高兴啊！"

捐款给贫困学生是好事，但是单凭一己之力又能资助多少穷孩子？曾有人这样劝慰白方礼。然而，这句话不但没有让白方礼停下脚步，反而激发了他大步向前的想法。白方礼要资助更多的孩子，于是他卖掉了老伴留给自己和儿女的两间老房子。之后，他又贷款办起了"白方礼支教公司"。

白方礼的这家公司总共 7 平方米，紧邻天津火车站，靠售卖糕点、烟酒赚取利润。白方礼明确规定：挣来的钱，全部捐给贫困学生。支教亭在很大程度上增加了白方礼的收入，可是他仍然坚持蹬着三轮车奔波在路上。他说自己一天下来能为贫困学生们挣出一顿饭钱也是好的。

不仅如此，白方礼干脆在支教亭旁住了下来。一间仅有 3 平米的铁皮棚子成了新家，一块废旧木板成立家里的唯一家具——床。这么简陋的地方夏天像蒸笼，冬天像冰窖，可白方礼并无顾忌，在这里一住就是 5 年。他的理由很简单，这里客流量大，一天能多拉几趟活，这不是又增加了不少学费吗？

此后，白方礼正像他做出的承诺一样，一年 365 天，从未间断资助贫困学生。将近 20 年的光阴，白方礼靠蹬三轮车共挣到 35 万元，并相继捐赠给 300 多名贫困学生。这些年间，陪伴他的只有那吱呀作响的破旧三轮车，一踩一踏地挣钱，一分一毛地捐献。

蹬车支教 18 年，捐款 35 万元，这一切都是白方礼从古稀到耄耋之年所做的事。人们常说，大爱无言，白方礼就是一位这样的老人，对于自己所做的一切从不认为值得夸赞，他常说："我嘛都没干，又让上面重视了。"但我们知道，那就是爱的奉献。

## 泪别老人

人老了，身子骨不再硬朗，更何况是风里来雨里去地整日奔波。白方礼老人病倒了，那一年他已年过90。躺在病床上的白方礼时刻惦念着支教的事情，2004年除夕之夜，他对身旁的人说，自己每月有600元的收入，确实不多，等病好了再多挣些钱，帮助更多的苦孩子上学。

一些市民听说白方礼的事迹后，纷纷自发来到医院看望老人，他们清楚地记得白方礼说的那句话——“我挺好的，谢谢大伙惦着，等我出院了，还要支教去！”然而，命运没有再多给白方礼一些时间去完成他的这个愿望。2005年9月23日，白方礼与世长辞。他结束了近20年的支教之路，个人账户上竟一无所有。他白手挥别了亲人，挥别了那些他资助的学生们，挥别了跟随了他大半辈子的三轮车。

白方礼结束了他92年的人生，那些被他感动的人们说，一定要送老人最后一程！天津市近500名市民自发地来到天津第三医院，向白方礼老人做最后的告别。来自耀华中学的学生们围绕在白方礼老人的灵车前，他们中有的就曾接受过“白爷爷”的无私捐助，他们多么想再多喊几声“白爷爷”。

灵车缓缓向前行驶，越来越多的人赶来为白方礼老人送行。紧随其后的是义务为此次告别活动接送市民的5路、8路和649路公交车，出租车和一些私家车。送行车队从天津第三医院出发后，并没有选择快速路和外环线，而是驶向了市区。沿途经过的街道都是白方礼老人曾经蹬车走过无数回的地方，公交车内为老人送行的市民仿佛又看到了他费力蹬车的身影。

当送行车队途径黄纬路和五马路交口的地方时，人们不禁潸然泪下，因为白方礼老人的家就在这里。“让白大爷再最后看看这里”一位市民哽咽地说。“您是我们学习的榜样，您是我们心中的偶像，您是我们天津人的骄傲，您是天津人的光荣。您脚蹬着旧三轮车奔波在支教的路上，三百多名贫困学生，在您无私地帮助下，实现了求学的梦想。您的事迹平凡伟大，万古流芳；您的事迹感动中国，理所应当。”这是一位普通市民发自肺腑的赞扬。

白方礼，他用瘦弱的身躯扛起了支教的大旗，他仅凭一辆破旧的三轮车托起了贫困生上学的希望。如今，他走了，留下了感人的事迹和无私奉献的精神。一幅幅白方礼老人捐资助学的照片被放大摆放在追悼大厅的两侧，市民们佩戴着白花，静静地为白方礼老人默哀。

追悼大厅内回荡着《爱的奉献》，这是白方礼老人生前最喜欢，也最常听的一首歌。正如歌词中唱到的“这是心的呼唤，这是爱的奉献，这是人间的春风，幸福之花处处开遍”白方礼老人把大爱洒向了人间，用辛勤和汗水筑起了一座支教的桥梁。

白方礼最早资助的就是在天津上学的藏族学生，此刻，人群中同样出现了身穿藏族传统服装的学生们，他们高举着手中的字牌，组成“白爷爷，红光中学藏族学生永远想念你！”这句话表达了学生们对白方礼的感激之情和深深的怀念。

白方礼不求回报、默默支教的事迹感染并带动了很多人，其中有一位名叫王恩浦的农民，他用自己的积蓄在家乡宁河县七里海开了一家敬老院，免费收留并照顾五保户（农村中无劳动能力、无生活来源、无法定赡养扶养义务人或虽有法定赡养扶养义务人，但无赡养扶养能力的老年人、残疾人和未成年人）和孤寡老人。他说：“通过白大爷这事，我有个认识。我们怎样做个人。他的人格是高尚的。我们做人要做这样的人。在他的身上体现出的是我们中华民族原汁原味的美德……”

《爱的奉献》的旋律久久地萦绕在耳畔，老人慈祥亲切地微笑永久地停驻在心间。白方礼老人静静地走了，他在离去的时候并不孤单，有那么多人愿意送他最后一程，有那么多人泪洒衣襟……

## 无尽的追忆

“一个馒头，一碗白水，他曾如此简单生活；三百学子，35 万捐款，他就这样感动中国。”网友曾用这样一句话表达了对白方礼老人的敬意。的确，白方礼一生清贫，独自蹬着三轮车，跑遍了大街小巷，汗水洒遍了津门，把钱全部用于支援教育。他曾说：“我不吃肉，不吃鱼，不吃虾，我把钱都攒着，给困难学生们。”

勤俭节约的美德伴随了白方礼的一生。在儿女们眼里，他不单自己省吃俭用，还教育后代要为国家节约，支援国家建设。在白方礼家，常常可以看到这样的情景：一口蒸锅，上面蒸馒头，下面熬稀饭。虽然用这样的方法蒸出来的馒头口感不好，可白方礼说，烧火要用国家的资源，能省就省。

从 1985 年开始，白方礼支教近 20 年，是否还有人记得他的第一笔捐款？那是整整 5000 元，也是当时白方礼的全部积蓄，他把这笔钱捐给了家乡办教育。当时白方礼的想法简单朴实，觉得自己年纪轻轻时就离开家乡，多少年过去了也没给这里做什么贡献，捐钱支教是件好事。同时，家乡落后的教育也触动了他，白方礼心想：要让孩子们上得起学。正是从这第一笔捐款后，白方礼就再也没有停下支教的脚步。

十几年如一日，白方礼始终坚持在做一件事——靠蹬车赚来的钱支教。直到他年迈再也蹬不动车了，也没有放弃为贫困学生们捐款。500 元，那是他一生中最后捐款。白方礼在天津火车站旁开办“白方礼支教公司”之后，为穷孩子们攒的钱越来越多了，白方礼打心眼儿里高兴。然而，1999年天津火车站附近扩建整顿，周边的商亭被统一拆除了。

眼看着“白方礼支教公司”的牌子被摘掉，年近90岁的白方礼老泪横流。紧接着2000年，天津市政府出台相关政策，禁止三轮车在主干路经营，白方礼也不能再靠蹬三轮车挣钱了。对于他来说，吃不饱、穿不暖都不怕，可是断了为贫困学生挣钱的路就像要了他的命。

“还要再做些什么”这个想法在白方礼的心里不断翻腾。冬季来临，白方礼硬是在车站看起了自行车棚。他居住在漆黑狭小的空间里，没白天没黑夜地给看车，3个月后，积赞了500元钱。他知道自己已经尽力了，于是带着这500元钱，蹬着三轮车送往天津耀华中学。

那一天，雪下得很大，犹如鹅毛般飘落。风在白方礼的耳边呼呼地吹着，白方礼的耳朵已经被冻红了。当他到达耀华中学的时候，眉毛都变成了白色。还没等学校的老师开口，白方礼说：“我恐怕以后都蹬不动车了，这500元钱就算是我捐的最后一笔钱吧。”听得出，白方礼话语间带着莫大的遗憾，在场的师生都感动地落泪了。

从白方礼手中捐出的每一笔款项都算不上巨资，但是当中包含的爱和能量却是无限的。积小善成大善，一笔笔金额累计，竟超过35万元。据不完全统计，白方礼助学记录如下：

1988年为中小学幼儿教师奖励基金会捐款5000元；

1989年为天津市教师奖励基金捐款800元；

1990年为沧县大官厅乡教育基金捐款2000元；

1991年为天津市、河北区、津南区教师奖励基金、北门东中学和黄纬路小学等，共捐款8100元；

1992年为“希望工程”和家乡白贾村小学，捐款3000元；

1993年为我国第一个“救助贫困地区失学少年基金”捐款1000元；

1994年为天津市河北区少年宫捐款1000元；

自1995年开始的三年间为红光中学藏族困难学生捐款，金额近5

万元；

◎白方礼雕像

自 1995 年开始的三年间为天津大学困难学生资助金额总计近 5 万元；

自 1996 年开始，白芳礼用“支教公司”的全部税后利润资助南开大学困难学生，总金额约 3.4 万元；

2001 年，白方礼最后一次捐款，金额 500 元。

除此此外，在白芳礼还先后为中国青少年发展基金会、第 43 届世乒赛、市养老院等团体捐助款项。

不难发现，白方礼老人捐款的时间一年接着一年。他没有间断过为贫困学生们捐款，就像是没有尽头的长跑，他从没后悔踏上这条支教的路，也觉得这条路不该有终点。有记者曾经采访白方礼老人的时候，问道：“您最高兴的事是什么？”老人不假思索地回答：“捐钱，往外拿钱。”

2009 年 9 月 10 日，在中央宣传部、中央组织部、中央统战部、中央文献研究室、中央党史研究室、民政部、人力资源社会保障部、全国总工会、共青团中央、全国妇联、解放军总政治部等 11 个部门联合组织的“100 位为新中国成立作出突出贡献的英雄模范人物和 100 位新中国成立以来感动中国人物”评选活动中，白方礼被评为“100 位新中国成立以来感动中国人物”。这份荣誉姗姗来迟，对于早已感动中国的白方礼老人来说算是一份迟到的礼物。

作为“100 位新中国成立以来感动中国人物”之一，白方礼的名字被载入史册。如今，老人已长眠，人们将在无尽的追忆中，一遍遍地品读他的事迹，领悟他那甘于奉献、大爱无言的精神。

# 烈火中永生——向秀丽

烈物延烧势甚危，纵身扑火不犹疑。

谨防爆炸将旁及，忍受燔炰强子持。

风格在于维大局，精诚所到树红旗。

重伤百药都无效，忘我仪型永世垂。

——董必武于1959年2月题写《纪念向秀丽同志》

◎向秀丽

向秀丽，女，1933年5月13日出生，广东清远人。1958年12月13日，向秀丽所在的车间突然起火，她侧身卧地截住燃烧着的酒精，避免了一场严重爆炸事故。然而，向秀丽最终因抢救无效，于1959年1月15日去世，年仅26岁。2009年，向秀丽被评为“100位新中国成立以来感动中国人物”之一。

## 悲惨的童年

翻看向秀丽的简介，会注意到向秀丽的模样恰如她的名字般“清秀雅丽”，她也曾梦想着拥有一个美丽人生，却无奈命运多舛。向秀丽出生于1933年，那时候正是战火纷飞的年代。接连不断的战争，使得国运下降，民不聊生。

向秀丽的父母都是普通的工人，却要抚养十三个儿女，一家人的生活甚是艰难。硝烟不断地蔓延，战事直逼广州，为了全家人的安全，向秀丽的母亲只身一人拖儿带女逃往广东高要县肇庆镇，临时借住在向秀丽的舅舅家。

当时，全家人只有母亲一人能够出去劳动，五岁的向秀丽只能和兄弟姐妹们留在家里。落脚肇庆镇后，母亲靠做零活维持生活，其余的就只能依靠在乐昌县打工的父亲寄些钱来填补家用。然而，在动荡的时局下，想要挣到钱是非常难的，所以一年中几乎很少收到父亲寄来的钱。

没钱养活儿女，向秀丽的母亲日日以泪洗面，这样的日子一天比一天难熬。有时候，家里根本揭不开锅，只能把烂掉的豆子当饭。偶尔买到一斤芋头，也能作为全家人一个星期的粮食。几年过去了，战争还未结束，相隔两地的一家人也无奈失去了联系。向秀丽长到七岁时，母亲实在无法承受生活的压力，决定把排行老八的向秀丽和排行老十的女儿分别送到地主家，同时也是为了让儿女能有一口饭吃。

从此，小小年纪的向秀丽便离开了母亲，在一个姓容的地主家沦为了婢女。婢女就相当于地主家的奴隶，除了饱受剥削和压榨外，进门就要改名。当时，向秀丽在地主家被称为“容彩兰”。在地主的呵斥下，身体瘦弱的向秀丽被迫去放牛，割草，挑水，做饭……一桶桶沉甸甸的井水担在向秀丽窄小的肩膀上，压出了一条条血印。那时的向秀丽还没有挑水的扁担高，烧火做饭只能搬来木凳子，还要踮着脚尖才能够得着灶台。

原本清秀如水的向秀丽，在地主家却整天穿着破烂不堪的衣裤，就连过年的时候都吃不上一顿饱饭。平时，即便向秀丽谨小慎微地做事，也会隔三差五遭到地主婆的一顿毒打。瘦小的向秀丽哪里禁得住棍棒，经常被打得昏倒在地。

向秀丽七岁到九岁的时光，都是在地主家忍气吞声度过的。有一次，向秀丽在干活的时候，脚趾一下子被门槛碰破了，顿时鲜血直流。地主婆见状，只是让向秀丽用土方法简单处理了一下，之后就又安排给她更加繁重的工作。向秀丽的遭遇毫不亚于我们所听说过的“半夜鸡叫”的故事，天不亮她就要到田里干活，有时候一干就是一整天。赤脚踩在污浊的泥巴里，伤口被泡得腐烂，变得又红又肿。

伤口恶化，可是向秀丽却不敢提，因为她知道，提起伤口的事，又会是一顿暴打，于是可怜的向秀丽只能在夜里偷偷地哭泣。直到有一天，向秀丽脚上的伤化了脓，无法走动，地主婆才注意到她。可是，向秀丽迎来的不是同情，却是一张腐朽的木板，她被赶到了更加阴冷潮湿的小黑屋，那里到处都是臭虫和老鼠。

几天后，地主婆见向秀丽的伤越发严重，不能下地劳动，便狠心地把她赶走了。对于向秀丽来说，离开地主家，就是脱离苦海，她恨不得即刻回到母亲的怀抱。然而，在地主家受到的虐待给向秀丽带来了终身的遗憾，由于脚趾上的伤口溃烂，导致了严重的感染，只能锯掉小节趾骨。也许是经历了风雨，小小年纪的向秀丽有了一颗坚强的心。她在接受手术的时候，表现得比同龄人更加勇敢，不仅没有流泪，还主动安慰伤心的母亲，让她不要为自己担心。

向秀丽的脚伤痊愈以后，没有再多休息一天，就开始帮助母亲分担家庭劳动。全家人靠编席子和担米维持生计，已经十岁的向秀丽挑起 30 斤重的米，每天都要走在蜿蜒曲折的山路上，早出晚归……

直到抗日战争胜利，向秀丽和家人仿佛看到了希望的曙光。全家人以为苦日子总算熬到了头，于是兴冲冲地回到了广州。然而，一切竟事与愿违。国民党反动派发动内战，国内又陷入一片混战。国民党反动派在管辖区内肆意搜刮民脂民膏，对底层的劳动者更是予以无情的打压。

1946 年，向秀丽十三岁，在偌大的广州地区却找不到一个安稳的工作。经过几个月的奔波，她终于找到一份当童工的地方——广州和

平药厂。善于吃苦耐劳的向秀丽，很珍惜这个来之不易的工作，可她任劳任怨地工作却得不到认可，还没干满三个月就被解雇了。为了赚钱养家，向秀丽从不挑剔工作，脏活累活她都干过。

就这样，向秀丽靠打零工维持了两年生活，之后又几经辗转，回到了广州和平药厂。此时的向秀丽已经十五岁了，成为了工厂里的一名女工。她所在的药厂由一位姓高的资本家掌管，厂里的员工大多都与之有着亲戚关系，知情人都把这里称为“高家祠”。所以，向秀丽得到的是极其不公平的待遇。药厂里洗药瓶的工作既麻烦又危险，却偏偏落在了向秀丽的头上，稍不小心，她那稚嫩的双手就被打碎的药瓶划破。

向秀丽的童年是悲惨的，然而，她却不屈服于命运。在地主家做婢女，没有使她胆怯，反而被历练得更加坚强。在工厂受到不公平待遇，她并没有灰心丧气，依然保持着乐观向上的人生态度。这样的人，不会在奔向希望的道路上，又会在哪里？

## 卓越的女工

在苦海中挣扎的向秀丽，每天都在期盼着自己能够翻身做主人。直到 1949 年 10 月 14 日，广州解放，压在劳苦大众身上的大山被推倒了，在工厂做工的向秀丽也脱离了苦海。

广州解放后，大力改革社会制度，物价调整，工厂有序生产，一片欣欣向荣的景象。初次在街上看到解放军，向秀丽感到陌生又好奇，目不转睛地看着解放军们的一举一动，那整齐的队列，微笑的脸庞，深深地触动了她。傍晚回家后，向秀丽欣喜地给母亲讲，说解放军是咱们穷人的队伍，他们来了咱们就真的有救了！

象征胜利的红旗插遍了广州，向秀丽一家人的生活也逐渐好转。

家里最小的两个弟妹都有机会走进课堂，念书学习，母亲激动得说不出话。几个年纪稍长的孩子，也都进入工厂里工作。俗话说“穷人的孩子早当家”，向秀丽鼓励弟弟妹妹，让他们好好念书，学到本领，将来为建设祖国做贡献。

正值芳华的向秀丽像其她爱美的女孩子一样，愿意把自己打扮得漂漂亮亮，可她每次看到自己稍有残疾的脚趾，都会潸然泪下。那是万恶的旧社会在向秀丽身上留下的疤，让那痛苦的回忆挥之不去。乐观的向秀丽鼓励自己：只要努力，生活就会越过越好，痛苦的日子将一去不复返。

解放以后，工厂准备建立工会组织，当时，一些国民党残余势力趁机散发如“工会只会收钱，不会给大家办事”等口号，企图造谣惑众。对于没有上过学的向秀丽，不知道工会是什么样的一个组织，对工会所能起到的作用也是一无所知，但她坚决不听反动派的谣言，报名参加了1950年底举办的工人政治讲座。

经过一番系统的学习后，向秀丽从党的教育中彻底找到了人生的方向，她决心听党的话，跟党走。当时正值解放初期，社会上仍存在很多不法资产阶级分子，他们经常制造一些破坏活动。为了制止恶劣事件的发生，1952年1月26日，中共中央发出关于开展“五反”斗争的指示，要求向违法的资产阶级开展一次大规模的坚决彻底的反对行贿、反对偷税漏税、反对盗骗国家财产、反对偷工减料和反对盗窃经济情报的斗争。

在“五反”运动中，宣传队向广大工人阶级提出了一个发人深思的问题——“是工人养活资本家，还是资本家养活工人呢？”这个问题正如一石激起千层浪，引起了工人阶级的强烈反响。向秀丽和同工厂的几名年轻人也参与到运动中，想要认清究竟“谁养活谁”的道理。

在工作队同志的讲解中，向秀丽回想起自己从小受到的虐待，“这些血淋淋的事实，不正是控诉资本家们的证据吗？”想到这里，向

秀丽投身“五反”运动的积极性更高了。通过“五反”运动，她的思想觉悟提高得很快，回到厂里，还积极宣传“五反”运动精神，她对职工们说：“原先，我们都害怕老板，怕他哪一天不高兴把咱们解雇了，那样咱们就没得吃，没得喝，就得饿死。现在不同了，工人阶级站起来了，资本家们再也不敢欺负咱们了！”向秀丽的发言得到了职工们的支持，在她的带动下，药厂里展开了一场如火如荼的“五反”运动。

“五反”运动为建立工会组织开辟了道路，党在运动后期便在一些小型工厂顺理建立了工会组织，其中就包括向秀丽所在的药厂。基层工会主席谭炳文亲临药厂时，注意到了乐观向上，组织能力强的向秀丽，想让她担任工会组织员，负责厂里的工会组织工作。一开始，向秀丽委婉地拒绝了谭炳文的邀请，因为她考虑到自己从小受到的教育少，知识储备量低，恐怕不能胜任这个工作。

后来，谭炳文几次找到向秀丽，把自己在工会工作的经验和需要注意的问题毫无保留地教给了她。帮助她解开了藏在心里的疙瘩。这样一来，向秀丽藏在心里的疙瘩解开了，重新找到了自信，并决定努力进取，做好组织员的工作！此后，向秀丽把休息时间都用来读书、学习，进步很快，再加上她对待工会组织员工作认真负责，很快就被推选为制药业基层工会的女工委员。

向秀丽担任女工委员以后，清楚地认识到了工会就是工人大家庭，是工人阶级的避风港，要为工人办事，替工人着想。期间，向秀丽的工作量加大了不少，常常是一天内跑上几间工厂，深入了解工人们的工作和家庭生活情况。

一天中午，向秀丽决定前去探望一位生病的工人。动身前，同事劝她说：“这件小事不用着急，吃完饭再去吧。”向秀丽却回答：“探病是为人的事，吃饭是自己的事，应该先为人，还是先为自己？”在这个问题上，向秀丽选择了先人后己，并且在她眼里，工人的事无小事。

向秀丽的所作所为不但感动了几个厂的职工，也受到了团组织领导的青睐。1954 年 8 月，团组织决定安排向秀丽参加团课学习班。得知这个消息的向秀丽，高兴得快要跳了起来。那时的她青春活泼，刚刚 21 岁。

在参加团课学习期间，向秀丽有机会接触到了一些励志书籍，诸如《卓雅和舒拉的故事》、《把一切献给党》和《钢铁是怎样炼成的》等。她从书中的主人公身上看到了励志人生，向秀丽开始从更新、更远的视角看待工作和生活，学习方面也取得了突飞猛进的效果。团课学习班结束后不久，1954 年 11 月 28 日，向秀丽加入了共产主义青年团。

随着时代的发展，国内开始实行公私合营体制，向秀丽所在的和平药厂合并到何济公药厂。在何济公药厂，向秀丽成为了一名普通的包装工。之后，全国上下建设社会主义事业的热潮一浪高过一浪，工人们凝结一心，干劲儿十足。作为一名普通的包装工，向秀丽在岗位上勤勤恳恳，从不计较个人得失，成为了全厂职工学习的榜样。

在全市展开的生产竞赛运动中，向秀丽更是踊跃报名，与另一名工友承担起三个人的工作量，并顺利完成任务，获得了优胜红旗奖。向秀丽本人也取得了先进工作者的称号。特别是药厂试制一种名为"甲基硫氧嘧啶"的特殊化学药剂时，向秀丽在小组内更是表现突出，为试制成功做出了很大贡献。在别人都不愿来到"甲基"小组的时候，向秀丽主动提出加入，在试制成功后，她却对功劳只字不提。

正是因为向秀丽在工厂的优异表现，1958 年 10 月 31 日，她被批准为中国共产党的预备党员。面对党旗，她表达了自己的决心："党的一切事业都是为了劳动人民的解放，……"

这，就是在普通岗位创造卓越成绩的年轻女工，向秀丽！

## 舍身向烈火

第一次翻开《把一切献给党》这本书时，向秀丽就彻底被书中的英雄人物折服了，她曾想过：他们这样年轻，就有这样的贡献，我们能学到他们的百分之一就好了。她却不曾预料，自己竟以英雄般的勇气，舍身奔向熊熊的烈火，用身体避免了一场严重的事故。

1958年12月13日，当晚，身为配制“甲基硫氧嘧啶”药剂小组成员的向秀丽负责值夜班。向秀丽年纪轻轻，却工作多年，已经养成了提前到岗的好习惯。正在她忙着准备各种实验工具的时候，另外两名组员，罗秀明和蔡秋梅也到了。

随后，三人各自分工，向秀丽负责切金属钠，罗秀明负责处理配料，蔡秋梅负责蒸制。一切准备就绪后，她们开始了“甲基硫氧嘧啶”药粉的制造工作。当罗秀明端起无水酒精时，发现容器与之前的不同了，从平底改成了圆形，形状也更大，所盛的无水酒精量重量也增加了，一个人根本弄不动。原来这是厂里新购买的一瓶25公斤无水酒精。

制作药粉的过程中，需要把无水酒精倒进小的量筒里，才能继续接下来的操作。一旁的向秀丽看出罗秀明面泛难色，便停下手里的活，走过去，主动提出帮助。看着装有25公斤无水酒精的容器，向秀丽就近挪一把椅子过来。接着，罗秀明端起酒精容器，放到了椅子上。之后，两人相互配合，向秀丽倾斜着容器，把无水酒精向外倒，罗秀明拿着裹好毛巾的量筒在下面接住。

第一杯顺利接完，第二杯也准确无误，但是，在倒第三杯的时候意外发生了。装有25公斤无水酒精的容器在依次倒出两个量筒的量后，已经需要大角度倾斜才能倒出无水酒精，不巧，圆形的容器底部在倾斜的过程中突然打滑，磕到地上，碎了。

向秀丽见状，急忙抓住容器顶端。这时，三人急忙往椅子下面的一滩无水酒精里扔下五、六条毛巾，吸收了部分酒精，却也无济于事。顿时，透明的无水酒精迅速在地面扩散开来。由于地面不平，大量的无水酒精便顺着坡势朝着一排正在燃烧的煤炉淌去。

无水酒精流动的速度很快，与红彤彤的煤炉散发出的热气刚刚接触，就引燃了串串火苗。随着火苗不断蔓延，火势开始变得猛烈，散发出滚滚浓烟，像是在对着向秀丽她们怒吼。被点燃的火苗"蹿"上了向秀丽三人的鞋子，裤子。她们相互拍打着灭火，心里都担心另一端火势蔓延的情况。

罗秀明身上的火苗被扑灭后，急忙朝东边的工场跑去，想要拽来帆布救火。此时，向秀丽注意到，一条火龙正朝着车间的角落游动。"不好！那里存放了60公斤的金属钠"向秀丽清楚地知道，金属钠一旦遇火，就会引发爆炸，更何况是这么多！救火！刻不容缓！

已经身在火海的向秀丽被浓烟包围着，她蹲下身子，徒手把身边的酒精往回赶，一心想减少火势蔓延。显然这个方法行不通，向秀丽想到了灭火器和沙子。她迈开大步，朝存放灭火器和沙箱的地方跑去。

其实，此刻向秀丽的衣服大部分已被烧着，她却只顾简单地拍几下，一步不停地朝前跑，边跑边喊蔡秋梅，让她赶快通知大伙来救火。蔡秋梅不忍心，追上向秀丽要帮她拍打身上的火，却被向秀丽一把推开，"不要管我，救火要紧。快去找人来……"

不巧的是，放置灭火器和沙箱的地方就在金属钠的不远处。向秀丽的衣服还在着火，她意识到，此刻决不能去取沙箱。正在这时，蜿蜒的火流已经逼近金属钠，几乎只有两公尺的距离了。金属钠的边缘也已经因为高温而泛起白烟。"堵住火流！"向秀丽心里蹦出了这四个字。

突然，向秀丽不假思索地扑倒在地，把整个身体当成了金属钠和火流间的阻隔。顷刻间，烈火在向秀丽的身上抱成了团。当时，烈火灼身的向秀丽还有一些意识，她感到全身在剧烈地疼痛，心中却只有一个想法——堵住火流！

时间一分一秒地过去了，熊熊烈火在向秀丽的身上不停地燃烧着。火流被截住了，向秀丽的身体却烧焦了。当厂里的领导和职工赶来救火的时候，向秀丽已经重度昏迷，失去知觉了。工人们迅速扑灭了火。

存放金属钠的大罐冒出的烟，已经明显从细小的白烟变成了一股股的青烟，要不是向秀丽用身体拦住烈火的话，哪怕再过一分钟，甚至几秒钟，整个工厂将化为灰烬。正是向秀丽奋不顾身的举动，阻止了烈火将要酿成的大祸。

之后，在职工们的共同扑救下，火势被控制住了。最终，浓烟消散，工厂和附近居民的生命财产被保住了，却留下了一个令人锥心的结局。舍身阻隔烈火的向秀丽，衣服大部分已化为灰烬。年仅 26 岁，风华正茂的她，挽救了一切，然而，自己却是生命垂危……

## 逝去的青春

向秀丽义无反顾地在火海中全身倾倒，硬是用身体与烈火抗衡，挽救了药厂。之后，赶来救火的职工们第一时间把她送到医院抢救。当时的向秀丽呼吸极其微弱，脉搏跳动已减慢，烧伤面积占全身的 80%，烧伤最严重的部位是左手，皮肤和肉已经被烧没了，清晰可见那刺眼的白骨。经诊断，向秀丽三度烧伤，也就是烧伤最严重的部分，深及皮肤下面的肌肉或骨骼的占 40%；二度烧伤即皮肤深度烧伤，表皮与真皮部分被毁的占 27.5%；一度烧伤，皮肤表层被毁的部分占 12.5%。

竭尽一切全力抢救向秀丽，这是党组织下达的“死命令”。卫生局党委书记亲自带头组成抢救小组，希望能够把向秀丽从死亡线上拉回来。连续昏迷不醒的向秀丽，在抢救后的第三天时终于睁开了双眼，她用微弱地声音说：“金属钠有没有爆炸？工厂有没有损失？罗秀明有没有受伤?”

解放之初的医疗条件并不是很先进，为了医治好向秀丽身上的伤，医院使用了最好的医疗设备，还特意为她的病房内购置了一台价格昂贵的空气调节器。由于向秀丽烧伤后失血过多，急需输血。医院里的医护人员和化工行业的职工们自发地组成了义务献血队，为向秀丽输送了大量的新鲜血液。

在各方的大力支持和医生们的悉心照料下，向秀丽度过了休克期，但是由于身体烧伤程度过于严重，她的生命随时面临着危险。向秀丽的丈夫是一名火车司机，得知妻子受伤的消息，急忙赶到医院探望。看到全身焦黑的妻子，丈夫泣不成声。向秀丽却劝慰丈夫说：“救火的时候，我已经做好了牺牲的准备。党为了救我不惜一切代价。现在，我不是还在你的眼前吗?”她还让丈夫专心工作，不要因为自己，影响了他的工作情绪。

虽然，向秀丽的心是乐观的，却抵不过伤痛带来的折磨。她全身的烧伤处，一刻不停地剧痛，甚至需要依靠止痛剂才能暂时麻木，勉强睡上几个钟头。可是，止痛剂的时效过后，等待向秀丽的依然是那钻心之痛。即便是这样，向秀丽还强忍着剧痛，向身边的医护人员询问同事罗秀明的伤势。

在看到医院的墙上贴满“要血有血，要皮有皮”的标语时，向秀丽感动地落泪了，她哽咽地说：“我身上的血……”

“都是大家一起捐献的血，你一共输入了8000毫升的血液。”

听完医生的话，向秀丽更加激动了，她说：“大家对我这么关心，我真是无以回报啊。”

在接受治疗阶段，向秀丽的身体状况一直不是很乐观，她每天的平均体温已经超出正常人很多，脉搏跳动剧烈，全身烧伤的部位常常有分泌物溢出。为了不让分泌物与床单粘连，医护人员需要经常帮助向秀丽挪动身体，或是更换床位，这个时候也是向秀丽最痛苦的时候。

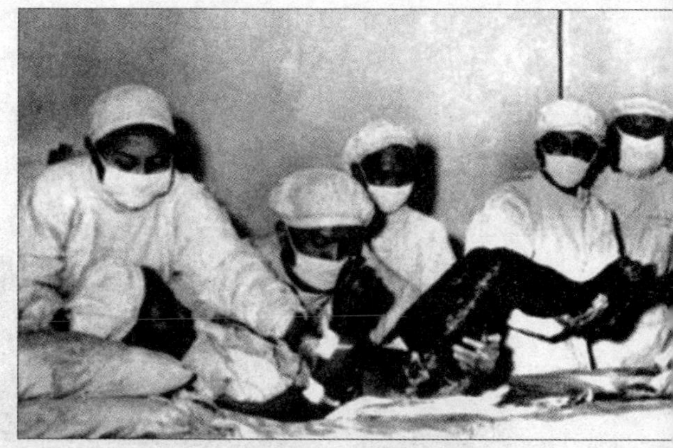
◎向秀丽在医院抢救

脆弱的伤口，一碰就破，疼痛感直击心窝，向秀丽却紧咬牙关，从不喊疼。她对医护人员说："翻吧，翻吧，多给我翻翻吧！"就像暴风雨中的海燕，迎着风说，让暴风雨来得更猛烈些吧！事实也正是如此，向秀丽的治疗过程还有难以想象的苦难。除了要接受输血、注射外，还需要除腐肉、植皮等过程。植皮的时候，向秀丽积极配合医生，整整一天都安静地躺在床上，无论多疼，她都忍着不哭。甚至被割开脖子的皮肤，进行静脉注射时，向秀丽也只是紧闭双眼，一声不吭。

◎报纸刊登向秀丽去世的消息

向秀丽住院期间，迎来了新的一年，她在医院度过了元旦节。迎接新年到来的时候，年轻的向秀丽俨然童心未泯，

◎向秀丽追悼大会

◎向秀丽同志之墓

对医护人员们说："新年到！大家唱歌跳舞吧，看到你们载歌载舞，我就会忘记病痛。"之后，她还说，坚信自己一定能好起来，再回到工作岗位上，继续建设祖国。

全身 80%严重烧伤的向秀丽在顽强地坚持了 33 天后，结束了她年轻的生命。1959 年 1 月 15 日，病床上的向秀丽对丈夫说了最后的一番话："要听党的话，……依靠党，依靠组织……永远跟着党走，是没错的。……"在她去世当天，中共广州市中区委员会追认其为中共正式党员，完成了向秀丽生前的心愿。

向秀丽去世后，广州市人民政府追认其为革命烈士。老一辈无产阶级革命家董必武、陈毅、林伯渠等领导人分别作诗或题词表示纪念。林伯渠写道："磊落光明向秀丽，扶危定倾争毫厘，一身正比泰山重，风格如斯世所师。"

# 当代工人先锋——许振超

如何做人，如何做事，要解决思想状态，不能说得多干得少。必须加大思想工作力度，堂堂正正，无愧于党。

许振超

◎许振超

许振超，男，汉族，1950 年出生，山东省荣成市人，中共党员，中共十七大代表、第十一届全国人大代表，被授予全国优秀共产党员、全国劳动模范等荣誉称号，被誉为新时期产业工人的杰出代表。现任青岛港前湾集装箱码头有限责任公司工程技术部固机经理。2009 年 9 月，许振超被评为“100 位新中国成立以来感动中国人物”之一。

## 知识改变命运

他，是一位集学习型、创新型、科技型于一身的优秀产业工人。他，是人们交口称赞的“金牌工人”。他就是全国劳动模范、当代工人先锋——许振超。赢得了如此多的称号，赢得了鲜花和掌声，但许振超始终不忘引领自己走上成功之路的秘诀——学习。知识改变命运，许振超对这句话深信不疑，因为他的故事，就是一个真实的例子。

1967年，正值“文化大革命”后期，许振超初中毕业后没能进入理想的学校继续深造，而是到工厂做了一名普通工人。当上工人的许振超每天要干繁重的体力活，工作内容乏味枯燥，这让他有些心灰意冷，第一次觉得理想和现实的差距竟如此之大。但是许振超转念一想，既然当工人，就要好好干，做出个样子来，同样可以为国家做贡献。

此后，许振超开始学习电工。由于他从来没接触过电路，并且一点儿电工知识都没有，第一天工作就被师傅说了一顿。这让许振超如梦初醒，觉得自己只抱着虚心的态度不行，还要下苦功，学习相关的知识和技能。

有了好好干的念头，许振超就有了学习的动力，依许振超的话说“学习有了内生动力，感觉就不那么枯燥了”。他每天都要拿着专业书籍看到很晚，遇到难点就及时记录，第二天清早第一个向师傅请教。经过一段时间的努力，许振超的技术大有长进，并且还因为自己所掌握的知识和技能帮助师傅解决了一个难题。

而后，许振超被调到另外一个部门工作——开吊车。当时，他负责操作的吊车是最先进的起重机械门机。来到一个新岗位，许振超觉得肩上的担子很重，因为门机的操控十分复杂，需要掌握并了解相关的操作方法和原理才能真正上手控制。

为此，许振超把队里的相关技术书从头到尾地看了一遍。寥寥几本书并不能满足好学求知的许振超，他又到图书馆借阅其他技术书籍，实在借不到就省省饭钱，把书买回来。那时，许振超挣钱不多，买新书的花销太大，他就想法子买旧书。有时候为了能买到又便宜又好的技术书籍，许振超不顾刚下夜班的劳累，骑车40多里路到村子里的集市去，他说这种感觉很像淘宝贝。

买到书后，许振超心里比喝了蜜还要高兴，进家门的第一件事就是看书、做笔记。他还在日记中写道：“悟性在脚下，路由自己找。”虽然自己没能迈进大学的校门，同样也可以自学成才，靠知识改

◎在港口工作的许振超

变命运。

工作上需要哪方面的知识，许振超就把哪方面的知识学牢、学透，实际操作上有哪些不足，就有针对性地增加练习。渐渐地，他开始从被动变主动，从原来的带着问题变成了主动发现问题。当时，为了加快往火车上装载粮食的速度，许振超没少下工夫。他把下班后的所有时间都用于练习钩吊，一遍遍地纠正、找准，最终在短时间内提高了装载速度。

许振超在业务上勤学苦练，在知识上刻苦钻研，坚持两个方面齐头并进，很快就从门机司机的队伍中脱颖而出，荣获优秀门机司机的称号。

自 80 年代起，作为中国一大通货口岸的青岛港开始组建现代化集装箱公司。许振超成为了当时首批桥吊司机，他清楚：虽然当门机司机的时候已经小有成绩，但是来到新的岗位，又是一个新的挑战。新设备和新技术对于许振超来说，既是要挑战的目标，又是学习的动力。他依然本着刻苦学习的态度，学习并掌握了桥吊的操作技术和方法，成为了一名合格的桥吊司机。

凭借认真负责的工作态度和高超的技能，没过多久，许振超就跻身公司生产技术部门。身在其中，他更加关注公司的未来发展。他说："在世界先进技术面前，我们的差距太大。我们花了大价钱买来设备，仍然要受国外公司的制约和技术封锁。"很明显，当时国内的科学技术相对落后，如何提高自身的水平加快建设成为了许振超的一大心事。

当年，唯一的一台桥吊在许振超的部门内属于重点保护对象，可它偏偏出了故障。为此，公司特意从国外请来生产厂家的技术人员进行修理。12 天后，桥吊被修好了，但是公司却支出了高昂的维修费——4.3 万元。这件事激发了许振超学习修理桥吊的想法，从此以后，他与桥吊彻底结下了缘。

要知道，桥吊的结构相当复杂，至少要掌握自动控制、电力拖动等 6 个学科的知识才算对其有了解。公司里起重机械专业的大学生都是积累了两三年的工作经验才敢上手维修，况且也只是一些常见故障，系统出了问题，仍然束手无策。为了改变现状，许振超抱着专业书籍日夜苦读，硬是靠着土办法找出了一条捷径。他发现，攻克技术难点的关键在于彻底搞明白控制系统模板。

然而，控制系统模版的信息是保密的，从国外进口到国内，无基本数据、无图纸都是很常见的。许振超没有放弃，他借来备用模版，边画图边研究。每块模板的正面有近千个电子元件，反面是纵横交错的印刷电路，20 块这样的模版就组成了桥吊强大的控制系统。为了看清线路的走向，许振超在模板上安装了一个透明玻璃支架，并配有一个 100 瓦的灯泡。富有穿透力的强光把那些隐秘的细小线路照得清清楚楚，许振超就趴在模板旁边，仔细地绘制线路图。

记录下 2000 多个焊点，许振超的眼睛早已被强光晃得生疼，布满了红血丝，但是他却面带微笑地说“这个办法好”。搞清了焊点的分布，接下来就是要确定它们之间的联系。这样的线路无规矩可循，许振超只好用万用表依次进行测试，一测就是数个小时，眼睛疼得睁不开，就用凉毛巾敷一敷，继续测试。

日复一日，许振超用了四年的光景，亲手绘制了厚厚一摞的电路图纸，终于搞清了 12 块电路模板的数据，攻克了技术难关。身为桥吊司机的许振超凭借刻苦钻研、坚持不懈的精神成功地破解了“模板之谜”，成为了青岛港的“技术明星”。走过这几年，许振超深刻地领悟到：只要肯学习，肯钻研，工人同样能干出成绩，同样可以获得社会的尊重。”

有人问许振超，“你的秘诀是什么？”

许振超回答：“一个人可以没文凭，但不可以没知识；可以不进大学殿堂，但不可以不学习。”后来，这句话被列为许振超的经典语录之一。

◎桥吊

此后，许振超从一名普通的桥吊司机被任命为桥吊安装总指挥，直至青岛港前湾集装箱码头有限责任公司工程技术部固机经理。几十年间，他用知识改变了自己的命运，也与青岛港一起，朝着更远、更强的方向发展。

## 身怀“绝技”

对于许振超来说，每一天都在重复做着同样一件事情：凌晨四点半起床，来到 70 多米高的吊桥旁，登上吊桥顶端需要迈上 182 级台阶，每个班次需要上下 8 个来回。当问到许振超是否觉得辛苦、乏味的时候，他说，这就是我的工作，我想的只是如何做得更好。

1974 年是许振超来到青岛港当工人的第一年，他也许都没有想到，自己竟然会在几年后成长为一名“身怀绝技”的码头工人。当然，练就一身本领并非偶然，那需要比别人付出更多的辛劳和汗水，许振超就是这么做的。

当上码头工人的许振超开始跟着师傅学习操作门机（门座起重机，又简称为门吊，是电力驱动、有轨运行的臂架类起重机之一）。这种起重机械操作过程复杂难懂，很多新学习的人都心里犯怵，许振超却仅用了 7 天的时间就学会了，而且是那一批年轻人中第一个可独立操作的门机司机。

独立操作门机，许振超觉得自己成了门机的主人，越开越顺手。但是，只会操作是不行的，在实际的工作中，用门机钩头吊起货物必须平稳，钢丝绳垂直向下，不能左摇右摆。许振超的不足就在于此。他操作门机的时候，钩头不稳不说，连带钢丝绳都画起了“S”型。

有一次，许振超操作门机往火车上装载矿石，不稳当的钩头落下，把矿石洒了一地，一旁的工人们用铁锨一铲一铲地往车里装。看到这个情景，许振超自愧难当。除此之外，矿石的装载量也很重要。如果装得过多则会超重，工人们要再把多余的矿石再铲下来，装的少还要再补装。这样一来，既影响了工作进度又让工人们几番徒劳。

从那时起，许振超在心里种下了一颗坚定的种子——一定要把技术练上去。其他同事下班后急着往家赶，许振超却一个人留在车上，反复练习停钩、稳钩。为了练好这两项技能，他放平了自己已是门机司机的心态，像一名初学者一样，把每一个操作和步骤都做扎实。这样的日子过了大概四五个月，许振超驾驶的门机钢丝笔直如线，一点儿都不打弯，钩起的矿石也是恰到好处，不多也不少。这一下子成了他的一大绝活。

许振超的同事们看到他的进步如此之大，都竖起大拇指夸他有能耐，同时还给他停钩、稳钩操作得如此到位的绝活取了名字——“一钩准”。当然，说许振超身怀“绝技”，并非只有一个绝活。他还练就了“一钩清”的本事，就是从钩住货物到装进车皮的过程中没有丝毫遗撒。最开始，许振超并没住注意到这一点，因为他们大多数装载的货物都是体积较大的东西，如矿石等。一次装载散装粮食的经历让许振超意识到，应该避免在钩吊过程中遗撒货物。

于是，许振超就用整桶的水开始练习。当他驾驶着门机吊起水桶时，平如镜面的水开始泛起波澜，稍小的抖动或倾斜都使水洒一地。经过无数次的练习，许振超终于做到了滴水不漏。而后，他每次都是稳稳地勾起货物，走钩时做到干干净净，毫无遗撒。许振超身兼“一钩准”和“一钩清”两个绝活的消息传开后，大家纷纷向他学习操作的技巧和经验，就连那些装卸工人都抢着和他搭班工作，说和许振超一起工作又快又好，还省力气。

许振超当门机司机时，具有一身的绝活，到了其他岗位，照样本领过人。1984 年，许振超当上了一名桥吊司机。桥吊是码头上用于将集装箱吊起，进行装卸作业的起重机。桥吊作业能力直接决定一个码头的货物吞吐能力，可以说，桥吊就是码头的心脏。当时，青岛港刚刚组建集装箱公司，桥吊司机具有过硬的操作技术是非常重要的。

正是意识到这一点，许振超开始一门心思地研究起驾驶桥吊。他发现，影响工作效率的一大因素是桥吊的速度。桥吊作业有一个高、低速的减速区，过早减速会使装卸进度变慢，过晚减速会产生安全隐患，所以准确把握减速的时间尤为重要。

为此，许振超带着测试表，不断地测试、调整减速区内最优最快的时间。一次不行就继续测，直到由原来的每小时吊起十四五个箱子增加为将近二十个箱子为止，许振超终于找到了减速区的最佳时间点。正是许振超发现了这一点，无形中让桥吊作业的效率明显提高了四分之一，大家都说，这简直绝了！

九十年代初，许振超被提拔为桥吊队队长。当时，吊桥出现故障是最让许振超头痛的事情，其中百分之六十的故障都出在吊具上。为了解决这一问题，许振超细心地观察了桥吊的每一个环节。他发现，吊具故障的原因主要是起吊和落下的速度快，从而使吊具与集装箱发生碰撞。

此后，许振超亲自动手，开始练习无声响操作。他通过控制小车水平运行速度和吊具垂直升降之间的角度，操作中，他同时注意观察集装箱的位置。许振超先是用眼睛向上看集装箱边角，然后下瞄船上装箱位置一点，手眼配合，握住操纵杆变速跟进找垂线，然后把集装箱既稳又无声地放好。练习的次数多了，许振超用眼睛一扫眼，便能准确定位，完成无声响操作。

许振超自己练会了无声响操作还不够，他还专门编写了操作要领，亲自培训公司里的骨干，让无声响操作成为人人都会的技能。就这样，“无声响操作”又成了许振超的杰作、青岛港的独创。

许振超把“一钩准”、“一钩清”、“无声响操作”等技能练习得炉火纯青，带领青岛港的工人们不断创造佳绩，说他身怀绝技，果然

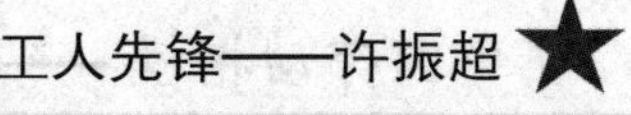

名不虚传！

## “干就干一流，争就争第一”

许振超常说：“人总是要有一点精神的，在工作岗位上，干就干一流，争就争第一，拼命也要创出世界集装箱装卸名牌，为企业增效，为国家争光。”有了这样的事业心和上进心，干活觉得有动力，争先进更是胸有成竹。

许振超因为自己的维修技术过硬，成为了工人们的榜样，公司特意奖励了他一台传呼机。得到传呼机以后，许振超个人并没有使用多少次，他24小时都开机，专供桥吊维修。有人劝他说，上班时间已经一心扑在工作上了，下班何不放松一下。可许振超却说：“随叫随到，随到随修，是我应该做的。”

要做，就要做到最好。许振超并不满足于本已炉火纯青的技术，他还在不断地提高自己。许振超想：一般的故障容易排除，即便是较难的问题，也能够有充裕的时间来解决，但是在作业中发生突发状况，那时候需要在短时间内及时解除故障，多耽误一分钟就影响一分钟的效益。所以，许振超定下了一个更高的目标——短时间排除故障，同时，他还给“短时间”限定了一个标准——15分钟，维修故障的时间只能比它短，不能比它长。

维修故障本来就是在面对一个难题，缩短维修时间可以说是难上加难，可许振超却迎难而上，从桥吊运行的各个步骤入手，争取了解到每一个细节。经过一段时间的深入观察和了解，许振超真正地成为了桥吊的“医生”，无论是系统出了问题还是硬件故障，许振超一到，保准迎刃而解。值得一提的是，许振超在解决故障的同时，也兑现了自己的承诺，每次排除故障的时间都维持在15分钟以内。

然而，许振超没有骄傲，反而提起这样一句话："现代化大生产说到底最需要团队协作。仅凭我一个人，就是一身铁又能打几个钉。"的确，许振超明白"团结就是力量"他把"15分钟排障"的技术毫无保留地介绍给了身边的同事们，带领着大家朝着一流、先进的方向大踏步地前进。

许振超是个行动派，他知道在冲向"干一流，争第一"这个目标时不会一路平坦，于是早早地在心里做好了迎接更多挑战的准备。2001年，青岛市和青岛港集团实施外贸集装箱西移战略，启动前湾集装箱码头建设。这对于许振超来说就是一个全新的挑战。当时，他被任命为桥吊安装总指挥，任务是年底前完成桥吊安装。要知道，当时正式开始这一工程的时间已经是11月下旬，可以说是时间紧、任务重。

接到任务后的许振超做了两件事，一件是给家人打了一个电话，说自己从此刻开始到年底都不能回家了，请不要太牵挂；另一件是买了整整10箱方便面。之后，他便以饱满的精神和一如既往的工作热情投入到前湾集装箱码头的建设中。

11月底的天气寒冷而干燥，气温有时会骤降到零下十几度，而许振超的办公地点就设在空旷工地上的一个大集装箱内，早上打好的洗脸水一会儿工夫就冻成了冰，青岛港口的海风不断地呼啸而来，仿佛就在耳边吹过。居住条件不好，伙食方面也要克服很多困难。当时的前湾码头只是一片荒地，周围没有任何建筑或设施，许振超和同事们必须要走到三里地以外才能找到吃饭的地方。可是，许振超经常忙起来就错过了吃饭时间，于是就泡方便面或拿起干硬的馒头，对付着吃上几口，接着又继续工作。

有人说，许振超是自找苦吃，可他却微微地笑着说："做自己应该做的事情不觉得苦，更何况是我热爱的事业，越是苦才越要干出成绩！"

灯火通明，加班加点，日夜奋战……在许振超的带领下，工人们经过40多天的努力，让原本荒芜的前湾码头上矗立起了重达1300吨、长150米、高达75米的超大型桥吊。看着巨大的桥吊，许振超和工友们抑制不住激动的泪水，抱在一起哭了。心情平复后，许振超辗转难眠，因为他的心里冒出了一个想法：提高装卸效率，创造集装箱装卸船世界纪录！

2003年4月27日，是许振超和工友们向世界集装箱纪录冲刺的日子。当晚8点20分，长达320米的“地中海阿莱西亚”巨轮停靠在岸边，8台桥吊整齐地排成一字。装卸开始！8台桥吊几乎同时吊起8个集装箱，既快又稳地放上拖车，拖车装载着集装箱往返于码头。这一系列过程都在紧张有序的进行着，8个、8个……不断重复的数字在持续累加，桥吊上的大钟在一分一秒地走着，直到4月28日凌晨2时47分，巨轮上的3400个集装箱被全部装卸完毕，许振超和工友们才停止了工作，同时，他们也听到了一个振奋人心的消息——他们创造了两个世界纪录！

在许振超和工友们奋战的6小时27分钟内，创下了每小时单机效率70.3自然箱和单船效率339自然箱的世界纪录。创造了世界纪录，也就意味着在同行业同项目中争得了世界第一，许振超的梦想实现了，然而他又怎么会止步不前呢？

有一句话是这样说的：不前进就是后退。许振超在5个月后，又率领团队把每小时单船339自然箱的纪录刷新为每小时单船381自然箱，再一次成就了第一。此后，许振超吹响了“10小时完船保班”的号角，为青岛港集装箱装卸打造了一个“金字招牌”，同时，这项技术也被冠以“振超效率”的称号，扬名海内外。

许振超就是这样，一次次地用实际行动表达他对工作的热爱，一次次地刷新成绩，赶超自己。在“干一流、争第一”的路上，不能也不会缺少许振超的身影。

## “振超精神”

一切行动都少不了精神的支撑，作为当代工人的先锋，许振超身上所体现出的“振超精神”值得新时代产业工人们学习并传承。

许振超在工作中体现出了爱岗敬业、为国奉献的主人翁精神。初中毕业后就当上工人的许振超当过电工、门机司机等，无论在哪个岗位上，他都能够做到干一行、爱一行、精一行。

他通过自己的努力，发奋钻研岗位技术，从不会到会，从会到精通，是他始终不变的追求。

许振超曾说：“人的素质、能力和企业发展生存有很大关系。要弄清究竟是为谁干，给谁学，保证自己的岗位。工人为谁扛枪？为谁打仗？为自己扛枪！要爱岗，有责任感，有危机感，有加快发展的紧迫感。想一想，我们应该怎么做。职工要关心公司，把自己的生存和发展与公司的生存、发展绑在一块儿，成为真正的码头主人。”

随着时代的发展，许振超所在的公司也在不断地发展壮大，他的队里也陆续来了很多大学毕业生。面对这些理论知识丰富、高学历的大学生，许振超会要求他们先从擦桥梯、注润滑油、换钢丝这类工作做起。这些活都是队里最基础、最辛苦的工作，为了给这些初出茅庐的大学生们做示范，许振超还亲自爬上70多米高的桥吊进行示范。有人问许振超：“让这些高材生干这些，岂不是大材小用吗？”许振超的回答是，只有从基层干起，才能更加了解自己的工作，要在岗位上培养主人翁精神就要这么做。许振超认为，路要一步一步地走，先要迈好坚实的第一步，之后才能真正地做到干一行、爱一行、精一行。

许振超在工作中表现出了艰苦奋斗、勇于开拓的拼搏精神。当年他在开荒建设前湾码头的时候，就是靠着这种精神成功的。在前湾码头建设初期，许振超住的是集装箱，吃的是方便面，喝的是冰牙的凉水。繁忙的工作使他停不下手里的工作，顾不上喝水，嘴唇裂出了一道道口子；艰巨的任务让他承受更大的压力，熬夜已经成了家常便饭，疲惫的双眼布满了血丝。

冬季的前湾码头寒冷潮湿，许振超每天晚上必须穿着厚厚的毛线袜睡觉，即便如此，他原本就有风湿病的腿还是疼得厉害。在那段奋战的日子里，许振超的风湿病又加重了许多，如今他的左腿走起路来的时候还是觉得用不上力。

工作的辛苦并没有压垮许振超，他还是每天充满干劲的工作，还说自己有三件宝：一个电水壶，一件军大衣，一张硬纸壳。在打给家人的电话中，他怕家人心疼，就说自己过得很好。许振超正是在如此的艰苦环境下，保持着勇于开拓的精神，带领团队同时创造了同行业内的两个世界纪录。

在日后的工作中，许振超一直保持着艰苦奋斗的精神。他积极响应建设节约型社会的号召，按照青岛港“管理挖潜年”的要求，经过多次试验，终于成功地在冷藏集装箱上加装了节电器，2005 年全年，共节约电费 600 万元，投资回报率达到 60%。

从 2006 年开始，许振超积极响应国家节能减排的号召，带头组织实施了轮胎吊“油改电”的技术改造，并成功实施。这一发明填补了当时国际同行业中的空白。在全部 77 台轮胎吊投入使用后，噪音和尾气污染大为降低，接近于每年节约资金 3000 万元以上。

许振超在工作中表现出了与时俱进、争创一流的创新精神。他正是在这种精神的推动下，成为了一名知识型的现代产业工人。从迈进工厂的第一天起，许振超就抱着学习的态度认真工作。正是在学习的过程中，他学到了专业的技能知识，攻破了很多技术难点，真正地使知识改变了自己的命运。

走上领导岗位以后，许振超仍然保持着与时俱进的精神，除每周

◎许振超获全国劳动模范等荣誉称号

学习两次外，还要再开一次交流会。在交流会上，他为工人们搭建了一个人人平等的平台，无论是高级技术人员，还是普通的桥吊司机，都可以把自身在工作中遇到的问题摆在桌面上讲，大家集思广益，共同解决问题。许振超知道，无论时代怎样发展，只有不断学习才能不落后于这个时代。

要紧跟时代，许振超还倡导队里创建"网络学习和交流"的网络平台，这样一来，各种技术资料和最新的行业信息都会出现在这个网络平台上，用最便捷、最有效的方法实现了"经验互补、资源共享"。

"一钩准"、"一钩清"和"振超效率"无疑是许振超争创一流精神的最好诠释。许振超带领团队按照"泊位、船时、单机"三大效率的标准要求，深入开展比安全质量、比效率、比管理、比作风的"四比"活动，先后8次刷新集装箱装卸世界纪录，"振超效率"和"10小时保班"产生的影响越来越大，使得青岛港在世界航运市场的知名度越来越高。世界许多知名航运公司，主动寻求与青岛港合作，纷纷上航线、增航班、加箱量，仅短短8个月的时间，青岛港就净增了13条国际航线，实现了全球通。青岛港在2003年完成集装箱吞吐量420

万标准箱，实现了24.3%的高速增长。

许振超在工作中表现出了团结协作、相互关爱的团队精神。他在技术上勤学苦练，不断赶超世界一流水平，同时也没让身边的任何一个工友掉队。面对荣誉，许振超总是谦虚地说："装卸效率是集体协作的结晶，现代化大生产说到底最需要团队协作，单凭我一个人是做不到的。"在许振超的带动下，涌现出了"王啸飞燕"、"显新穿针"、"刘洋神绳"等一大批具有社会影响的工作品牌。

在工作的几十年中，许振超始终坚持青岛港"一心为民，造福职工"的政策，他说："团结一致，才能打胜仗。国企干部，就是给职工打工和服务。"许振超对待员工就像对待自己的亲人一样，工作、生活处处关心。"拥有安全就拥有生命，热爱安全就是热爱生命。保护职工生命健康，就是最大的为民谋利益。"这是许振超常挂在嘴边的一句话，在他眼里一线职工的工作安全尤为重要，为此他还专门为员工们申请和制作了"安全卡"和"爱心卡"。许振超切实地把"造福职工"的政策落实到了实处，同时也积极参与社会公益事业，一心为民。当他得知沂蒙山的一位小姑娘因患骨癌住进医院的消息后，他发动身边的同事积极捐款3万元，为小姑娘的手术费解了燃眉之急，使她脱离了险境。

这些就是"振超精神"，是许振超在工作中实实在在做到的，是大家真真切切看到的精神，是广大现代产业工人应该具有的精神。

# “宁肯一人臭，换来万户香”——时传祥

我已经干了30年的掏粪工，只要党需要，我还要再干它30年、60年！党需要我干到什么时候，我就干到什么时候。

——时传祥

◎时传祥

时传祥，男，1915年9月20日出生，山东省齐河县人，全国著名劳动模范。少年时逃荒来到北京，成为一名掏粪工。1952年，时传祥加入了北京市崇文区清洁队，并提出“工作无贵贱，行业无尊卑；宁愿一人脏，换来万人净”的口号，以“搞好环境卫生，美化人民首都”为己任。1956年加入中国共产党，1958年当选为北京市政协委员。1959年被选为全国劳动模范。1975年5月19日在北京病逝。2009年，被评为“100位新中国成立以来感动中国人物”之一。

## 吃得苦中苦

日新月异，整座城市在不断变化中更加绚丽，对于曾经的人和事，有些已经被遗忘。如今，提起“掏粪工”，时光仿佛倒退了几十年，到了建国之初的光景。那时候，有人背着粪桶或是提着粪罐子，往返于

为数不多的公共厕所和粪坑之间，他们，就是这座城市的“掏粪工”。

生长在新时代的青年们也许会对“掏粪工”这个职业感到迷惑，甚至对这种与脏臭之物打交道的工作嗤之以鼻。然而，掏粪工人们几乎每天在做着这种被大家远离，或是误解的工作，而他们所使用的工具也只是最简单的粪勺。试问，偌大的城市，无论是时尚之都，或是跻身于世界前列，能够缺少这样的职业吗？能把“掏粪工”做好，少有人敢如此坚定，恰恰有一位山东汉成为了这个行业的佼佼者，他就是劳模时传祥。

生在苦处，长在苦处，挨饿受穷充斥了时传祥的童年。吃尽苦头的时传祥在14岁的时候又赶上了灾荒，原本就家徒四壁，如今更显动荡。在那兵荒马乱的年代，时传祥沦落漂泊，随着奔走逃荒的人们来到了北平城郊。

初到北平城，时传祥瞬时感到天壤之别。市中心张灯结彩，有钱人身着华贵，个个趾高气昂。时传祥年纪轻轻，来到这里总要找个营生，于是他便与“掏粪工”这个职业结下了不解之缘。

关于掏粪工这个职业在北平算是由来已久，早在明朝嘉靖年间（1522—1567），北平城里的人口越来越密集，产生的垃圾逐日增多，然而最难解决的就是全城人口的粪便清理问题。当时，唯一的处理方法就是被周围农民收集起来，用车或船拉至乡下当肥料。然而，没有人专门到各家各户掏粪，光靠这样的方法不能根本解决问题。后来，正赶上四处闹饥荒，北平附近的很多农民都涌进城里，为了谋生，他们当起了第一批掏粪工。

当掏粪工不易，常常被别人歧视，最难听的称呼莫过于“屎壳郎”、“粪花子”。民国时期，北平城里的粪道被争抢，由此产生了一批“粪霸”，他们剥削和压榨那些穷苦的掏粪工，使本就备受冷落的工人们又进入到痛苦的牢笼。

有人说，掏粪工是当时社会最底层的工作，频频受到别人的唾弃，

◎时传祥

时传祥为什么选择做这行？殊不知，那时的时传祥根本没有选择的余地，饱受压迫剥削，逃荒逃到这里，能靠双手养活自己就已经很满足了。时传祥暗暗在想：偌大的北平城总能容得下我一个，趁着年轻，无论做什么活计，说不定能闯出一片天。

时传祥当上掏粪工后，每天都要往返于广安门至六部口一段，来回差不多30里地，他要走上四趟。远远见到时传祥的背影，推着吱呀作响的木板车，上面装着满满一车，重达几百斤的粪便。要知道，在运送粪便之前，时传祥已不知掏了多少个粪坑，这份工作既脏又累，如此之大的工作量对他是一个很大的考验。

烈日当空，时传祥的衣衫被汗水浸湿了，一阵阵臭气在灼热的空气里弥散，直扑时传祥的脸庞。大雨瓢泼，时传祥双手推车，顾不上遮挡，戴着草帽在雨中前行。那时，他年仅15岁。无论工作多么的艰辛，时传祥心中总在默念“吃得苦中苦，方为人上人”。

## 甘心为市容

1945年，抗日战争胜利。时传祥在心里嘀咕着：受苦的日子是不是将一去不复返了。然而，现实是残酷的，直到1949年1月31日，北平城解放，时传祥和妻子崔秀庭才逐渐过上好日子。解放那天，时传祥激动不已，他说：“咱们穷苦人终于有了翻身的机会，这下我要更努力地劳动，报答党，报答解放军的一片恩情。”

解放后，百废待兴，全国上下沉浸在大力发展建设的氛围中。时传祥依然背着粪桶，拿着粪勺舀，踏踏实实地当掏粪工，欣喜的是，他再也不会听到别人称呼自己是“屎壳郎”或“粪花子”，而是那一声声亲切地“同志”。

10月1日，新中国成立，北平城更名为北京，各个行业开始有规模有组织地发展起来，市里专门成立了“粪污管理所”，公布了《城区粪便处理办法》，所有粪道都进行统一管理。掏粪工人们在社会上不再受歧视，还在各区成立了粪业工人工会，成为了工人们的坚强后盾。

在苦海里挣扎了许多年的时传祥，说起来也算是老一辈掏粪工人，他有幸被推举为前门地区粪业工人工会的委员兼工会组长。农民出身的时传祥憨厚朴实，生平第一次走上领导职位，倍感珍惜，他心想：掏粪工的职业虽然卑微，咱也要做出个样子瞧瞧！11月14日下午，时传祥在北京市粪业工人工会召开的全市“清算粪霸罪行、庆祝政府接管粪道”大会上，激情发言，对曾经欺善怕恶的粪霸进行了血的控诉。

北京迎来了解放，时传祥的家乡山东也解放了，他的很多同乡开始陆续返回山东，准备盖房种地，平平度日。哥哥时传珍原本体质虚弱，又因被粪霸欺压多年，早已积劳成疾，在市政府的帮助下，回到故土，与分别多年的亲人团聚。在这种情况下，时传祥面临着一个艰难的抉择：是回老家种地，还是留在北京掏粪？

为此，时传祥彻夜难眠，脑海中浮现出十几年前的狼狈模样，受的罪和苦让他不堪回首；如今，时代变了，他感受到的是社会主义的温暖，妻子和两个乖巧的女儿都在身边。时传祥扪心自问：党组织的革命教育让咱的思想认识提高了，那些为了新中国做出贡献的英雄不正是学习的榜样？……

当天晚上，时传祥做出了让他一生都不曾后悔的决定——为了北京的市容，甘心做一名掏粪工。时传祥对妻子说："我要做的不是离开北京，而是留下来为这里的粪业事业出一份力！"

在掏粪工人队伍中，时传祥争当领头人。有些刚当上掏粪工的年轻人，开始产生了心理包袱，觉得这个别人见了都捂着鼻子走的职业被社会所厌恶，甚至一度后悔选择了这条路。时传祥知道后，开导他们说："……如果一个人的思想臭，怎么打扮也不香，就是放在清水缸里捞出来也是臭的。真正的香，是阶级觉悟高，好好地为人民服务，才是心里头香……"

除了对年轻掏粪工言传身教以外，时传祥还给自己提出了更高的要求——不但要做好掏粪工作，还要把清洁工作挑起来。时传祥每到一户人家掏粪，总是又快又好，那把跟了他多年的粪勺早已被使用娴熟，不会洒下一丁点粪水。时传祥每次从住户家走后总是留下一片洁净，也因此得到了大家的认可和称赞。

时传祥正是以这种"宁愿一人脏，换来万人净"的思想来激励掏粪工人们，并提出"工作无贵贱，行业无尊卑"的口号，发展并壮大北京的掏粪工人队伍，为北京的市容整洁，甘洒汗水。

## 楷模之精神

谁要来掏大粪，就要先掏掉自己受旧意识影响的臭思想。自己心里干干净净，才能顶住那些歪风邪气。正因为过去我们最被人看不起，今天越应好好地为人民服务，做移风易俗的尖兵，把社会上的这些臭思想也给掏个一干二净。

这是掏粪工人时传祥的心里话，他说得朴实、诚恳，且道出了掏粪工人们的心声。与其说这是时传祥对自身工作的总结，更可理解为是一种精神的浓缩。

在掏粪工的岗位上，时传祥发扬了“脏了我一人，干净千万家”的奉献精神，十年如一日，任劳任怨，毫无怨言。有人不理解，干上“掏粪”的工作，怎么还笑得出？时传祥却说，只要是为人民服务，我就打心眼儿里高兴。

时传祥就是抱着这样的心态，在岗位上工作了几十个春秋。有一年的夏秋之际，北京地区的雨水量明显增多，而北京的排水系统并没有完善，特别是一些狭窄的区域和多条胡同，根本没有设置排水管道。大雨倾盆，会导致多条街区水流成河，给群众出行带来了很多不便。发生这样的情况，时传祥心里急得像着了火似的，他担心各家的厕所内的粪水因不断累积的雨水而外溢，这样一来，整条胡同或是街道就会充满臭气熏天的粪水。

想到这里，时传祥再也睡不着了，他拿好工具，背起粪桶，冒雨上街掏粪。黑夜里，雨淅淅沥沥地下着，时传祥拿着手电，把街道里的几个粪坑都掏干净了。一整夜，时传祥都在冒雨掏粪，而第二天他又带领班组人员继续到各家各户去掏粪。由于积水很深，运粪的车根

◎时传祥与同事们在一起

本无法前行，掏粪工人们只能靠粪桶一趟一趟地背出来。

“背！”时传祥身体力行，第一个背起粪桶朝胡同里走去。小组的年轻队员被时传祥这种不怕苦不怕累的精神感染了，纷纷背起粪桶各自开始工作。掏粪工人们背的粪桶可不像生活中用到的木桶大小，而是又高又长，就连时传祥这样的山东大个儿背起来，也都略过了他的头顶。这样的粪桶装满，足足有一百多斤重。时传祥就是背着这上百斤的粪桶，往返于三里长的胡同内。

建国之初的胡同狭窄且不平，加上浑浊的积水，泥土坑像是一个个小陷阱，给掏粪工人们带来了不少麻烦。很多年轻的掏粪工几次险些连粪桶带人一起倒在积水之中。时传祥提醒大家，要稳住脚，不要着急。这样来来回回将近百余次，单时传祥一个人就背了重达八九千斤。经过整整一天的雨中奋战，掏粪工人们终于把各家各户中的厕所清理干净了。

对于一名普通的掏粪工人来说，能够决心做，并做好这样一个大家“另眼相看”的工作已经需要更多的勇气和毅力了，而时传祥却用自身的热情回报社会，用他骨子里的那种精神去关爱着身边的家家户户。有人说，掏粪工人时传祥做那么多了自己份外的事，何苦而为呢？

时传祥的回答只是那浅浅地一笑。

与时传祥接触过的人都知道，他是一个勤勤恳恳地老实人，曾经受过的苦很多，日子一天天好过了，他心甘情愿地做那些所谓份外的工作。时传祥负责的掏粪区域是在花市下头条到四条，这里有很多老住户，且有一些是上了年纪无儿无女或是子女常年不在身边的孤苦老人。每逢遇到孤寡老人有困难，时传祥都不遗余力地伸出援手。

有一次，时传祥到居住在东斜街的一位老大娘家掏粪。刚抬脚进屋，时传祥就闻到了一股严重发霉的味道，仔细一看，老大娘年事已高，坐在一床破旧的被褥上，毫不夸张地说，那床褥子几乎长满了绿毛。此时，时传祥想起了自己年迈的母亲，此时已有哥哥在身边照料，而眼前的老大娘却无依无靠，不禁红了眼眶。他给老大娘家掏完粪以后，就开始帮忙收拾屋子，把发霉的被褥统统拿到院子里晾晒。

除此之外，时传祥还带领小班组人员，利用休息时间来到老大娘家帮忙。大家伙一忙就是一整天，老大娘的家也在这些勤劳的双手中"改头换面"了。为此，老大娘激动地热泪盈眶，想要感谢时传祥，却不知如何是好。她从自己的衣服兜里掏出钱来，说："老时，为了我这么个糟老婆子辛苦你了，这钱，拿去吧。"

时传祥回答："大娘，您有困难，我们就应该帮，不需要任何回报，这就是新时代工人的本色。"从此以后，时传祥就把老大娘当成了自己义务帮助的对象，对待老大娘就像亲人一般。

## 永恒的怀念

在北京龙潭湖公园内，有一尊身穿工作服，肩背粪桶的掏粪工人的雕像。他，就是时传祥。时传祥雕像的面庞带着微笑，远远地注视着前方，仿佛带着人们回忆起当年的劳动时光……

新中国成立后，各方面发展齐头并进。时传祥所在的崇文区清洁队也已经“鸟枪换炮”，从原来的木制运粪车改成了汽车运粪。在这种大好形势下，时传祥鼓励小组队员们创造出更好的成绩。他指出，不能因为有了汽车人就变懒了，反而应该利用好这个便捷的运输工具，提高掏粪、运粪的速度，并提出“人不等车，车不等人，加快周转，分秒必争”的劳动口号。

在时传祥的合理调配和带领下，7 人小组的运送量从原来的 9 车增加至 10 车；平均每人每日背 50 桶粪，后来增加到 90 桶，又递增到 93 桶。

新中国成立后，工人阶级所做出的贡献不可估量，身在社会底层的掏粪工也逐渐得到了社会的尊重。时传祥在岗位中感受到了社会大家庭的温暖，也用实际行动回报社会。由于时传祥在岗位上的成绩突出，他的先进事迹也传遍了大江南北。时传祥不仅自己奋进，还带领小组成员共同努力，为城市的整洁出一份力。

1954 年，时传祥被评为前门地区掏粪工人先进生产者。两年后，时传祥光荣地加入了中国共产党，后当选为北京市政协委员。1959 年，对于时传祥来说，收获颇丰，他被评为全国劳动模范，并以劳模主席团成员的身份出席了全国群英会。特别是 10 月 26 日，这一天令他永生难忘。

翻开尘封的历史，那张刘少奇与时传祥握手的照片早已成为了经典，也成为了永恒的怀念。这个难得的历史画面就发生在 10 月 26 日。当天，刘少奇主席、朱德委员长、周恩来总理等一批党和国家重要领导人在人民大会堂接见了全国群英会的代表。那时，时传祥正位列于众多代表之中，让他没有想到的是，身为国家主席的刘少奇竟主动与自己打招呼。

“这是老时吧？”刘少奇亲切地询问，让时传祥心里一震。

正在此时，两只大手紧紧地握在了一起。

忠厚老实的时传祥眼角微微泛红，憨厚地笑着回答刘少奇的问题。一番询问以后，刘少奇鼓励说："老时啊！身为一名先进工作者，一名优秀地共产党员，除了要工作带头外，在文化上也不能落后啊！人要活到老，学到老。你现在 45 岁，学习还来得及，阳历年的时候给我写封信。"说完，刘少奇拿出一支钢笔，赠予时传祥。此后的时传祥利用休息时间读书、学习，准时在阳历年的时候给刘少奇写了一封亲笔信。如今，那支钢笔被珍藏在国家博物馆中，为参观者描绘那一幕真挚感人的场景。

刘少奇的话刻在了时传祥的心间，特别是"我们在党的领导下，都要好好地为人民服务。你掏大粪是人民的勤务兵，我当主席也是人民的勤务兵，这只是革命分工不同，都是革命事业中不可缺少的一部分。"这几句话，是对时传祥的褒奖也是对他所从事的工作的尊重。

全国群英会上，除时传祥本人获得殊荣外，他所带领的崇文区清洁队也被命名为"时传祥班"。随着全国群英会的落幕，刘少奇和时传祥的合影很快被刊登在《人民日报》上，一时间，全国掀起了向劳模

◎时传祥纪念馆

◎时传祥雕像

时传祥学习的热潮。时任北京市副市长的万里还专门到“时传祥班”参加劳动，穿着与掏粪工人们一样的服装，背起掏粪桶，他打趣地说：“我可是时传祥的‘第一大弟子’。”

1966年，国庆节前夕，身为全国人大代表职务的时传祥受邀参加国庆观礼。国庆节当天，时传祥以北京市观礼团副团长的身份受到了毛泽东的亲切接见。然而几年后，荣誉加身的时传祥却在“文化大革命”中饱受牵连，他的遭遇让周恩来总理倍加重视。当得知时传祥的遭遇时，一向温文尔雅的周恩来抑制不住内心的怒火，说道：“难道文化大革命要打倒一个掏粪工人吗?”“要把时传祥同志接回来，要给他平反，向他道歉，给他治病，落实政策。”

此后，在周恩来的亲自干预下，时传祥沉冤昭雪。1975年5月19日，与命运抗争了几十年的时传祥在北京病逝。临终前，他还是放不下工作，并嘱咐子女说自己干了一辈子清洁工人，让儿女们把这个班接下去，努力把首都北京的清洁工作做好。要革新，放下扫把，放下铁锨、粪桶，实现清运机械化……

2000年9月9日，坐落在时传祥的祖籍山东齐河县的“时传祥纪念馆”正式开馆。纪念馆的建筑形式呈八角形平面布局，有四面八方之意，象征时传祥“宁愿一人脏，换来万家净”的精神。

为了向人们展现一个真实的，有血有肉的劳动模范时传祥，为了让更多的青少年认识、了解这位了不起的劳动者，导演杜民专门拍摄了电影《时传祥》，以此表示深切缅怀。

时传祥，一个如此平凡的劳动者，却拥有人们学习的高贵品质。他在最最平凡的岗位上，演绎出不平凡的故事，为后人树起了一座永恒的丰碑！

# 三尺柜台暖人心——张秉贵

一个营业员服务态度不好，外地人会说你那个城市服务态度不好，港澳同胞会感到祖国不温暖，外国人会说中华人民共和国不文明。我们真是工作平凡，岗位光荣，责任重大！

——张秉贵

◎张秉贵

张秉贵，男，1918 年出生，北京市丰台区人。中共党员，北京市百货大楼售货员。1957 年被评为“北京市劳动模范”。1977 年被选为中共第十一次全国代表大会代表。1978 年被北京市政府授予“特级售货员”。1979 年被国务院授予“全国商业部系统劳动模范”。1987 年被中共北京市委授予“北京优秀共产党员”称号。1987 年 9 月 18 日，张秉贵在北京逝世，时年 69 岁。2009 年 9 月 10 日，张秉贵被评为“100 位新中国成立以来感动中国人物”之一。

## 百货大楼的“新起点”

老北京，有“燕京八景”之说，美丽的景致令人流连忘返。除此之外，还有“燕京第九景”，这是一道充满爱心和热情的风景线，其主角是一位普通劳动者，北京市百货大楼的一名售货员——张秉贵。

如果能够把售货的过程变成一门艺术的话，张秉贵无疑是最好的表现者。有人称，张秉贵与糖果打了32年的交道，成就了一份“甜蜜的事业”。其实，这份把甜蜜带给人民的工作动力，正是源于张秉贵那些过往的经历。

张秉贵17岁的时候，为了谋生计，在熟人的介绍下进入一家经营煤油烟纸和洋广杂货的综合性商店当学徒。

在这之前，张秉贵曾经在地毯厂学过织地毯和织布，但是时局动荡，地毯厂没多久就关门了，让小小年纪的张秉贵感觉没着没落的，能来到商店当学徒，他已经很满足了，连连对掌柜说“我保证好好干”。

张秉贵当学徒的地方名叫德昌厚，共有二十多个学徒一起住在那里。当时张秉贵来得比较晚，只好和另一名学徒挤在二尺宽的柜台上。铺面的规矩很多，当时在坊间流传着这样一个顺口溜“徒弟徒弟，三年奴隶，干不完的活，受不尽的气。”17岁的张秉贵不但要好生伺候掌柜的，还要受到各种夹板气。

伺候掌柜的是无奈之举，可有心的张秉贵没忘自己当学徒是为了什么——学买卖。学买卖，就是学习商品知识和如何卖货。聪明的张秉贵认货、记货一门灵，常常是师兄教过一遍他就记住了。为了掌握更多的卖货技艺，张秉贵虚心地向师兄们学习打算盘和商品的包装。白天忙得浑天黑地，只好利用晚上的时间来学，所以张秉贵的睡眠时间常常只有四五个小时。

在铺面苦苦熬了一年之后，张秉贵被派到柜台前卖油。这对他来说是个难得的好机会，很少有学徒在这么短的时间内接触顾客。张秉贵为此欣喜不已，也觉得自己的努力没有白费。

那时候，站柜台有很多讲究，像张秉贵这样的小学徒，只能接待那些劳苦大众。这样也好，年纪轻轻的张秉贵的顾客都是工人、农民、

◎北京市百货大楼内景

学生等，使本就朴实无华的张秉贵远离了那些铜臭气。以至于后来，做事踏实、准斤准两、热情服务成了张秉贵的一贯作风。

经历了日军侵华，又熬过了国内战乱的人民，终于盼到了1949年。10月1日那天，新中国成立，举国上下，一片欢腾。北平更名为北京，建立了北京市总工会。张秉贵也从此迈向了新的生活。

1955年，位于王府井大街的第一座大型百货零售商店——北京市百货大楼拔地而起，招聘营业员的工作正在火热进行中。得知这个消息后，张秉贵怀着紧张又激动的心情前去报名。与其他报名者一样，张秉贵参加了售货技术和政治常识考试，且符合体检要求。

没想到，张秉贵等了一段时间竟没收到录取通知。因为当时他已经36岁了，远远超过了百货大楼招收售货员的条件——25岁以下。直到百货大楼开业后两个月零四天的时候，张秉贵终于被破格录取了。诚实守信的为人，多年积累的销售经验和勤勤恳恳的工作作风正是他的敲门砖。

从此以后，张秉贵挥手告别工作了20年的德昌厚，迈进了百货大楼的大门。上班的第一天，张秉贵穿着整洁的工作服，小心翼翼地把属于自己的那块圆形徽章“京百——2765”戴在胸前。站在近四千平米的楼层里，看着琳琅满目的货品，张秉贵意识到，这里就是他人生的新起点。

## 为民服务的“好榜样”

张秉贵清楚地记得，在“五反”运动中学到的两点：一是坚决维护党和国家的利益；二是坚决维护消费者的利益。身为国营企业的一名销售员，他把全部的热情化作为人民服务的动力，成为了北京市百货大楼第一批杰出的劳动模范，成为了全国为民服务的“好榜样”。

最初进入百货大楼工作，站了20年柜台的张秉贵和那些年轻的售货员一样，都被视为“新人”。当时，全市商业系统正在开展学习销售系统先进人物杜凤珍的事迹。虽然张秉贵的销售经验丰富，可他仍然保持着一颗谦虚向上的心，向忠诚为消费者服务的杜凤珍学习，并把她提出的“百拿不厌百问不烦”客观地解读为“让每位顾客都满意”。

就这样，张秉贵带着“让每位顾客都满意”的目标，开始在糕点柜台工作。工作期间，张秉贵待人热情，服务周到，受到了不少好评。有一位顾客还特意在留言本上写下了这样一段话：

> 我正在养病，胃口不好，想吃点糕点又嫌过于甜腻，正在柜台前踌躇，2765号售货员好象看出了我的心思，问明情况，建议买点略带咸味的苏式点心鸡油芝麻饼尝尝，果然可口可心，所以写信致意，希望领导上给予表扬。

有一次，张秉贵正在柜台里忙着为顾客包装糕点，后面等待的顾客说了句“这位售货员服务态度很好，就是动作慢了些。”说是批评，也只不过是顾客的一句牢骚而已，可张秉贵却为了这句话，苦练基本功。

此前，在20年的站柜台生涯中张秉贵也只是接待三三两两的顾客，那里不比国营企业的招牌大，生意火。现在，他每天要接待很多的顾客，看着眼前排起的长队，心急如焚。如何才能改变现状呢？张秉贵决定下苦功，练习包点心。

工作时间，张秉贵一丝不苟，下了班，仍旧抓紧一切机会练习。练包装，不但要讲究式样，还要保证速度。张秉贵自掏腰包，买了点心和点心夹子，使用废包装纸反复包装，反复拆开，最后点心都散了，包装纸也软了，却没能练出成效。

困难面前不灰心。张秉贵又想出一个练习的法子，用大小与点心相似的碎瓦片、小木块代替，手拿包装纸，直到深夜。来到百货大楼工作以后，张秉贵就离开家，搬进了集体宿舍。为了不影响宿舍其他同事休息，张秉贵把练习用的“家伙什”都拿到了屋外。冬天的夜里，气温骤降，可张秉贵却大汗淋漓。虽说包装点心不用花费太大的力气，可架不住张秉贵无数次的练习，和卖力的动作啊！

除了练习包装点心外，张秉贵还练习了装点心盒和捆扎技术，大大提高了业务水平。之后，张秉贵每天接待顾客的数量大幅度增加，点心包装得又快又好，得到了顾客们的一致称赞。在张秉贵的带动下，柜台的其他售货员也积极地操练起基本功，使柜台的整体销售水平迈上了一个新的台阶。

由于张秉贵在岗位上的出色表现，1956年初，他被评为了先进工作者。时刻要求进步的张秉贵写下了入党申请书，通过批准后，他在本子上写下了一句自勉的话——“永远向前，作名副其实的先进分子！”张秉贵说到做到，在平凡的岗位上始终如一地为顾客提供热情周到的服务。建国十周年之际，他以北京市劳动模范代表的身份被邀请到天安门前的东侧红台上，参加国庆节观礼。

在商业稳步发展的同时，百货大楼也树立起了47名岗位标兵，也就是人们常说的榜样，其中就包括张秉贵。当标兵就要有个标兵的样子，张秉贵对自己高标准严要求，即到岗后始终保持热情服务的状态。很多同事都提出了质疑，“人不是机器”、“人是有感情的”、“要礼尚往来”等言辞不绝于耳，可张秉贵坚定信念，要做一名为人民服务的好标兵、好榜样。

有人细心观察过，张秉贵在柜台里的表现真如他给自己提出的要求一样。无论多忙，他都保持快速专业的服务；即使有心事，他也不会把情绪带到工作中；遇到脾气坏的顾客，他总是笑脸相迎。

张秉贵也因此成为了百货大楼全体职工学习的榜样，在介绍如何坚持热情服务的方法时，他毫无保留地道出了三条准则：“一是进入柜台就是进入战斗岗位，必须全神贯注，眼、耳、口、手、脚和脑六部机器同时开动，任何原因不得懈怠；二是不把个人的麻烦事和不愉快情绪带进柜台；三是以热对冷，化冷为热。

日复一日，张秉贵严格地按照这三条准则工作，在平凡的岗位上发光发热，当之无愧地成为了全国为民服务的“好榜样”。

## 令人称奇的“技艺”

张秉贵的事迹被更多的人熟知，是因为他在百货大楼糖果柜台时所做出的成绩。当时已经成为全国劳模的张秉贵被调到糖果组工作，在这里，他练就了令人称奇的“一抓准”，同时也达到了事业的顶峰。

“好榜样”张秉贵来到糖果组，大家都对他高看一眼。但是张秉贵却说，有热情服务的态度是一方面，虽然自己卖糕点很娴熟，但是糖果的卖法还要从头学起。

包装精美，形状各异的糖果有不同的名称，来自不同的产地，这让张秉贵目不暇接。他在短时间内记清了所有糖果的类别和价格，保持着热情服务的工作态度，开始了糖果柜台的销售工作。

相比糕点柜台，五彩缤纷的糖果似乎更加吸引人，有的顾客即使不买，也要驻足留意一下。特别是节日前夕，顾客盈门，糖果柜台前就会排起长长的队伍。在这种情形下，张秉贵提出“我们只有珍惜顾客时间的义务，绝没有浪费顾客时间的权利！”的口号，同时为了加快服务速度，他还根据客流高峰的性质，总结出了“接一问二联系三”的工作方法。即接待第一位顾客临近尾声时，问询第二位顾客的需求，使买卖双方心里有个谱，与此同时向第三位顾客问好。

这样一来，售货员不单是要热情招待眼前的顾客，还要提前进行一对三的服务。在张秉贵的带领下，糖果柜台的售货员们比着赛似的为顾客服务，很快提高了服务速度，且服务水平丝毫没有下降，为更多顾客节省了时间。

能不能再提高服务速度？这是张秉贵心中的疑问，也是他对自己更高的要求。一定能！张秉贵信心十足。他发现，在问、拿、称、包、算、收的一系列服务环节中，称重量的时间可控性很大。如果抓糖的分量刚好与顾客所需重量相近，便能很快完成接下类的步骤。相反，抓多或是抓少，添秤、减秤都很费时。所以，要提高服务速度，关键在于把分量“抓准”。

为了抓得准，张秉贵把所有类别的糖的重量、形状都掌握了，白天练，晚上练，抓糖、称重不知做了多少回。这个过程，一是靠眼力，二是靠手感，再就是用心记。经过反复的练习，张秉贵练就了“眼到、手到、重量刚好”的技艺。他抓糖的重量与顾客要的重量往往只相差一块儿糖，而且是一次成功。后来，这个技艺被大家称为“一抓准”，也成为了张秉贵的标志，赢得了广泛的赞誉。很多来北京出差或是旅游的人，都会慕名到张秉贵的糖果柜台前买上各式糖果，在见到传闻中的“一抓准”后，不禁啧啧称奇。

与“一抓准”同样称绝的是“一口清”，同样出自张秉贵的技艺。在六大块服务链条中，除了抓得准可以节省时间外，迅速而准确地计算出糖果的最终价格是加快服务速度的另一个突破口。为此，张秉贵开始从牢记糖果价格入手，原来能记住畅销糖果的价格，现在任意一种糖果的价格都必须记在脑子里。

免去了回头看价格标签的步骤后，张秉贵开始苦练心算。他把所有糖果的价格整齐地记在纸上，配合多种心算方法，变换不同重量，自己买自己算。手边的算盘噼啪作响，每心算一次，张秉贵都要与算盘的结果进行对照，保证准确无误。功夫不负有心人，经过无数次的计算和练习，张秉贵脱口而出的价格几乎是零误差，为提供快捷服务又记一功。

张秉贵能够心算价格的消息传出后，同行中有的人不服气，曾以顾客的身份实地考核了一番。当时，这位同行来到张秉贵所在的柜台，分别要了四种不同价格的糖果，且重量要得有零有整。当他报完糖果的重量后，张秉贵即刻说出了所有糖果价格的总和，并且谦虚地说自己是心算的价格，还需要用算盘核对一下。

“不，不用算了”这位同行张开手掌，露出了早已算好的价格，与张秉贵说的一分不差。

后来，这位同行说明了来意，深感佩服，连连表示要向张秉贵学习。

张秉贵“一抓准”、“一口清”的技艺名不虚传，却把付出的辛劳和汗水埋在了心底。在顾客眼中，他永远都是面带笑容，“身怀绝技”的优秀销售员！

## 永不熄灭的“一团火”

在首都北京，著名的王府井商业街是一大看点，而新中国成立后建造的“北京市百货大楼”同样经久不衰。在北京市百货大楼门前有一座张秉贵的半身雕像，他那可亲可敬的微笑被永远地保留了下来。

1987 年 9 月 18 日，张秉贵因病在北京逝世，享年 69 岁。张秉贵在有限的生命里发散了无限的光和热，在小小的三尺柜台内，用“一团火”的精神带给顾客缕缕温暖。

张秉贵曾在百货大楼工作了 32 年，共接待了约 400 万名顾客。虽然售货员的岗位是平凡的，却是张秉贵展现首都优秀售货员魅力的舞台。张秉贵的糖果柜台前常常是里三层外三层，第一层是买糖的，第二层是观摩的……在看过张秉贵售货的过程后，一位音乐家说张秉贵的动作优美，富有节奏感，如果配上音乐，是非常动人的旋律。曾有位老人写诗赞颂张秉贵：

首都春浓任君游，
柜台送暖遍神州。
燕京八景添一景，
秉贵售货领风流。

张秉贵真挚地对待每一位顾客，心中燃烧着关心顾客、服务顾客的一团火。作家冰心曾三次采访张秉贵，她评价说，他用这团火，温暖着别人，照亮了别人。在糖果柜台工作的几十年中，张秉贵为了尽可能地了解各式糖果，跑遍了几个大型糖果厂，自费累计买了两百多种糖亲自品尝。他按照糖果的价格、产地、规格、特点、性能、质量、

◎张秉贵雕像

用途和保管方法进行归纳总结，做到有问必答。

一些售货员觉得自己的工作就是简单地卖东西，可张秉贵却觉得柜台并不是顾客与售货员之间的障碍，他留意揣摩顾客的心里，根据顾客“求新、求实、求名、求廉、求信”的不同心态，总结出了“十个怎么办”和“主动、热情、诚恳、耐心、周到”的十字服务规范。

张秉贵不但自己拥有“一团火”精神，还把这种精神传播到祖国的各个地方。从1957年开始，他便以劳模代表的身份前往各省、市、区、县的商店、工厂、学校等作报告，传授销售技巧，还会展现“一抓准”、“一口清”的绝技。为了给后人留下宝贵的精神财富，张秉贵还亲自编写了四万多字的《张秉贵柜台服务艺术》，书中详细记录了他的柜台服务经验。

张秉贵的徒弟们感到幸福，他们在师傅的言传身教下，都在岗位上取得了骄人的成绩。值得一提的是，张秉贵的二儿子张朝和，在父亲辞世的12年后，来到百货大楼的糖果柜台当了一名售货员。子承父业的他，说自己不能辜负大家的期望，张朝和继承了父亲的优秀品质，再加上自己的勤学苦练，在糖果组里表现优异，被顾客们亲切地成为“小张秉贵”。

冰心曾在报告文学《颂“一团火”》的最后写道：让我们来接过这一团火！让我们都来赞颂这一团火！张秉贵走了，可是他的“一团火”精神还在，在一代代张秉贵式的行业标兵的传承下，“一团火”精神将永不熄灭！

# 钢铁战线的老英雄——孟泰

◎孟泰

孟泰，男，原名孟瑞祥，曾用名孟宪钢，1898 年 8 月 17 日出生，河北省丰润县人，新中国成立后第一代全国著名劳动模范，先后担任鞍钢炼铁厂配管组组长、技术员、副技师、设备修理场场长、炼铁厂副厂长、鞍钢工会副主席等职务。1949 年 8 月加入中国共产党，成为鞍山解放后第一批发展的产业工人党员之一。1967 年 9 月 30 日于北京病逝。2009 年，被评为“100 位新中国成立以来感动中国人物”之一。

## 寻找光明路

一群可爱的孩子围坐在一起，“老英雄”孟泰在给孩子们讲述自己在国宴上向毛泽东敬酒的片段，不时传来阵阵银铃般的笑声。对于年轻时的回忆，孟泰不常和别人提起，因为他只愿意分享快乐，而非悲伤。然而，他那源源不断，奔向成功的动力，恰恰来自童年时的苦难。

1898 年 8 月 17 日，孟泰出生于一个普通的农民家庭，勤劳的父母靠种地为生，虽然家庭并不富裕，但是孟泰的父母仍就倾尽所有供孟泰读私塾。然而，微薄的收入根本负担不起全家人的开销，所以孟泰只读了三个月的私塾便被迫退学了。

儿时的孟泰没有过上一天好日子，10 岁时便跟在父母亲身后种庄稼，挖野菜。等到孟泰长到 16 岁时，来到一户地主家去做长工。当长工苦点累点都没关系，只要能帮家里多赚些钱，孟泰都能忍耐，但是地主老财欺人太甚，不但蛮不讲理，克扣钱款，还深深地伤害了他脆弱的自尊心。于是，孟泰毫不犹豫地回到家中，继续帮父母干农活。

1917 年，孟泰的家乡遭受旱灾，庄稼地颗粒无收，村子里的人们只能辗转到各地讨生活。不满 20 岁的孟泰带着全家人为他凑来的 6 块银元，登上了北去的列车。可他没想到，中途换车的时候，身上的钱被坏人骗去大半。人生地不熟的孟泰经过几番周折，终于找到了在抚顺当挖煤工的表叔。

在表叔和其他几位工人师傅的帮助下，孟泰在一家修理厂当铆工学徒。年轻的孟泰聪明好动，学得快，干活麻利，工人师傅们都很喜欢他。然而，管理工厂的日寇却恰恰利用了孟泰的这些品质，经常把他呼来换去，脏活累活都吩咐给他。除了工作日外，孟泰几乎没有一天休息日。在这种情况下，年轻的孟泰没有冲动，而是暗暗下决心，学好手艺。他知道，在这个动荡的年代，艺不压身，有了本事才能安身立命。

孟泰在工厂里当铆工，一干就是整整十年。十年的风吹雨打，让孟泰这棵树苗在逆境中成长，变成了一位技艺娴熟且高超的铆工。此时的孟泰有能力远走高飞了，他头也不回地搭上一列开往鞍山的闷罐车，逃离了让人不堪忍受的地方。

跟随列车北上后，孟泰仍然没有见到黎明的曙光，无奈在日寇管理的工厂做工，一晃不知多少个春秋。身在异乡，孟泰时常会想起家乡的亲人们，每每这时，他都会黯然神伤，想着：这样的苦日子，何时到头啊？直到 1945 年 8 月 15 日，日本宣布无条件投降后，孟泰才算是脱离了苦海。不再受剥削、受压迫的孟泰决心跟党走，发誓要为建设祖国尽全力。他怀着对未来的美好憧憬，心中默念：如果说，自己一直在黑暗中寻找光明，那党就是一盏指路的明灯；如果说，光明就在前方，那还等什么，直奔光明路！

## 爱厂如爱家

“来到工厂，我才算有了家”，这是年轻的孟泰刚到鞍钢工厂时的想法。“家”一直是孟泰心中的避风港，他对家的眷恋，从走出家门的那一刻起。

1948 年 11 月 2 日，东北地区迎来了全面解放，人民群众欢心鼓舞，积极响应党的号召，全面发展建设祖国。身为工人的孟泰被调配到鞍钢炼铁厂工作，迈进工厂的大门，孟泰心里想着：现在的工厂才是真正属于我们的，这里不就是我的“家”吗？年少时离开家，让孟泰的心中多了几分对家的思念和憧憬。他愿把这份对家的感情变成工作的动力，工厂就是家，工友就是亲人！

解放后，东北地区成了全国重要的钢铁中心，孟泰所在的鞍钢炼铁厂接到了迅速恢复生产的指示。虽然当时的炼铁厂百废待兴，但是孟泰却满怀信心，他说：“我要亲手把这个‘家’撑起来！”

大炼钢铁，首需高炉。在当时的条件下，高炉由于缺少诸多零件和器材而无法使用。孟泰想到：既然暂时无法再造零件，不如废物利用！想到这里，孟泰开始在几个废铁堆里找零件。从早到晚，孟泰在废铁堆中东翻西找，上下来回不知多少趟，满手都是零件上的锈迹。在他眼里，凡是能有一丁点用处的零件或是器材都不能浪费。

除了在废铁堆里寻找，孟泰在工厂周围的土堆里，荒草中也展开搜寻，生怕错过任何一个可用之材。日复一日，孟泰收集的废旧零件越来越多，包括三通水门、高压阀门、连接管件等，甚至连最细小的螺丝螺母都被他保留了起来。孟泰把找到的每一个零件都是为“珍宝”，挨个擦拭，然后再涂上油漆，最后进行分类。

一晃几个月过去了，孟泰就这样不声不响地反复寻找，当工友们得知此事时，他已经收集整理了上万件零件和器材。孟泰把形状各异，用途广泛的零件存放在工厂附近的一间屋子里，工友们推开门，被如此“壮观”的场景惊呆了，顿时对孟泰心生敬意，并且专门为这间屋子取名为“孟泰仓库”。

孟泰的行为带动了全厂工人的劳动热情，积极投入到修复高炉的工作中。当时，鞍钢炼铁厂一共修复了 3 座高炉，所用零件和器材均出自“孟泰仓库”，为国家节省了一大笔支出。其中，修复好的 2 号高炉于 1949 年 6 月 27 日生产出了第一炉铁水。为此，工友们称赞孟泰了不起，说高炉能这么快得以修复，且顺利生产出铁水都是他的功劳。孟泰却谦虚地说：“我热爱咱们的工厂，把这里当成自己家，为家着想是应该的，谈不上功劳……”

孟泰爱厂如爱家，厂里的高炉更是他的“心肝宝贝”。为了保证高炉正常生产铁水，孟泰几乎时刻都要坚守在旁边。在高炉攀上攀下几

◎孟泰研制高炉风口

个来回，是孟泰每天必做的一项工作，为的是检查并调试各个系统的运行情况。孟泰常常把吃的带在身上，趁着工作间歇将就着吃两口，再抬头看看运转正常的高炉，欣慰地笑了。可又有谁知道，孟泰已经整整两个月没有回过家了。

普通工人孟泰凭借爱岗敬业，吃苦耐劳的精神得到了厂里领导的肯定。1949 年 8 月 1 日，孟泰站在了鲜红的党旗下，庄严宣誓。那一天，他光荣地加入了中国共产党，有幸成为了鞍山解放后第一批发展的产业工人党员之一。

成为党员的孟泰更是以身作则，挑起工厂里的重任。抗美援朝期间，中国人民志愿军在前线作战，身在大后方的工人们加班加点地为制造武器、军用品而忙碌。高炉正常工作，最重要的就是循环水系统不能出现任何差池，为了第一时间处理问题，孟泰决定只身“守护”。他带着铺盖卷和一些食物，搬进了高炉旁边的一间铁皮屋内。但凡高炉出现任何状况，或是工厂里响起空袭警报，孟泰都会备齐工具，第一个冲到高炉的总水门旁边，直到解除一切警报，他才放心地离去。

正是孟泰的尽职尽责，才避免了一次重大事故的发生。1950 年 8 月的一天，工人们正陆陆续续进门，准备开工，孟泰也一如既往地准

◎孟泰收集的管件

备着工具。突然，工厂里传来几声巨响，原来是4号高炉发生了爆炸。听到爆炸声，孟泰赶忙带着工具冲到4号高炉旁。当时水蒸气已经充斥了高炉四周，弥漫着刺鼻的硫磺味道。

在这种情况下，孟泰凭借多年的工作经验沉着应对，在迷雾般的水蒸气中，利用铁板把水排出高炉。此时，小型的爆炸又引得高炉发出轰隆响，危险状况随时可能出现。

孟泰没有因为爆炸而远离，而是死死地盯住高炉，以一系列娴熟准确的动作顺利完成了解救，避免了造成更大、更严重的后果，为工厂挽回了损失。

事后，有人不解："孟泰，高炉爆炸那可是性命攸关的事，你怎么还要往上冲?"孟泰的回答是："比如你家失了火，你想里边有一箱子衣服，又有新买的柜子，又有两袋子粮食，哪怕火烧到房檐，你也能顶着大火跳进去。"从孟泰的言谈中看得出，他真正做到了爱厂如爱家。同年冬，高炉再次出现状况，孟泰同样以最快的速度赶到现场，只身跳入冰冷刺骨的水中。反复数十次的抢险，全身冻僵的孟泰最终保住了高炉。

孟泰的一举一动让全厂工人们为之骄傲，大家都说他是钢铁战线的老英雄。孟泰用自己的所做作为，真正地实现了自己的承诺"爱厂如爱家"。为了工厂，他奋不顾身地冲在抢险第一线；为了工厂，他有家不回，坚守岗位……

## 鞍钢奏凯歌

在鞍钢，提起孟泰的名字，大家都会钦佩地竖起大拇指，说"他可是鞍钢炼铁厂的老英雄"。其实，"老英雄"孟泰还有另外一个称号——高炉神仙。

“高炉神仙”这个称号，源自于孟泰对高炉循环水系统的深入了解和高超的驾驭。在鞍钢炼铁厂几十年的工作中，孟泰没少与高炉打交道，特别是高炉的核心部分“高炉循环水系统”。在这方面，孟泰通过实践积累了许多行之有效的工作经验，并总结出大家交口称赞的“孟泰操作法”，其内容是“眼睛要看到，耳朵要听到，手要摸到，水要掂到”。

如果说经验丰富，工作方法有效率，这都不足以给孟泰冠以“高炉神仙”这个称呼的话，那么接下来要说到的本领就让人叹为观止了。孟泰只要用手接触循环水流，便能准确无误地说出水温和压力，特别是那近千根的冷却水管线，繁复交错，却在他的心里形成了清晰的图纸，管路畅通与否，孟泰稍作检查便能知晓。这样的技能让人不得不称赞他是名符其实的“高炉神仙”！

高炉的循环水系统出现状况时，只要孟泰出马，问题立刻迎刃而解。大家赞誉声声，孟泰在工作中却始终保持谦虚好学，细致谨慎的作风。他觉得，自己只掌握一门技巧是不行的，要研究和学习更多的工作内容。于是，孟泰除了在工作时间观察和学习外，还利用休息时间阅读专业书籍，潜心钻研。

孟泰深知，鞍钢是全国重要的钢铁工业地区，而自己又是这条展现上的骨干，就更应该起到模范带头作用。在工作中，他发现工厂的架工在进行设备维修时，一直沿用老办法，在安装和拆卸 5 吨重以上的设备部件时使用体重“绞磨”。这种方法不但不省力，还会大大降低工作效率。经过几天几夜的研究，孟泰终于找到了一个解决的方法。孟泰的“自制电动起吊工具”革新方案一经提出，得到了工人们的支持。十多天的实践证明，孟泰的方案确实发挥了重要的作用，并正式投入使用。

针对高炉的用水量问题，孟泰也进行了研究，他根据自己对高炉结构的了解，研制出冷却箱串联，经过测试，高炉明显减少了 1/3 的用水量。这种既节水又保质保量的好方法，使得厂里全年的用水量大幅度减少，相当于为厂里节省了20多万元。除了节水，孟泰还在节约焦炭上狠下功夫，创造了“孟泰储焦槽”，每年上千吨的焦炭都是从那些储焦槽中节省出来的。

孟泰的发明创造给厂里带来了可观的收益，职工们也受益匪浅，他自己也是越研究越起劲儿，甚至走路、吃饭都在琢磨着突破创新的好方法。同时，孟泰也意识到不能只凭一己之力，之后他和工厂里另一位技术改革能手在工厂里组建了一支由15000多人组成的技术革新队伍，形成了工厂技术革新方面的技术革新骨干力量。

鞍钢工厂面临的最大问题莫过于1960年年初发生的苏联毁约事件。苏联单方面撕毁合同，鞍钢炼铁厂一度因缺少大型轧辊供应，以至于面临破产的窘境。当时已经六十多岁的孟泰，“老英雄”的风范丝毫不减，亲自带领厂里的500多名职工，从炼铁这一环节入手，到炼钢再到铸钢，开展了一系列紧张有序的技术攻关。

攻克难关期间，上了年纪的孟泰和年轻人同站在生产、研发的第一线，先后突破了十几个技术难关。功夫不负有心人，在孟泰的带领下，团队终于成功研制出了轧辊，成为了自主创新的先锋，堪称我国冶金史上的一座里程碑。

在我国钢铁产业的发展进程中，孟泰功不可没，曾被誉为“鞍钢谱写的一曲自力更生的凯歌”，同时，他也是凯歌的创造者！在鞍钢工作的几十年中，孟泰一步一个脚印地前行，不断突破创新，发明创造已数不胜数，谱写出一首首生产战线上的胜利凯歌！

## 心不离群众

“老英雄”孟泰在鞍钢钢铁厂所取得的成绩，以及做出的贡献有目共睹，1950 年 8 月 23 日，他被推举为全国工农兵英模代表会议代表。此后，孟泰以全国工农兵英模代表会议主席团成员的身份，被邀请到北京中南海怀仁堂，受到了党和国家领导人的亲切接见。

1957 年 6 月起，孟泰开始担任鞍钢炼铁厂副厂长一职。虽然职务提高了，但是孟泰始终不变工人本色，积极劳动，关心职工，被大家亲切地称为“身不离劳动，心不离群众”的好干部。

孟泰身在领导岗位，却清醒地认识到：只有到群众中去，才能真正地了解群众疾苦，为群众解决难题。很多人走上领导岗位以后，就很少离开自己的办公桌，常常是听汇报来了解生产工作情况。孟泰却截然相反，工作时间，他的身影总是会出现在生产一线，甚至有时候还与工人们一起劳动。工人们遇到了问题，总是乐意找孟泰帮忙解决。每当这个时候，孟泰都会耐心地为工人们分析情况，时常还亲自动手处理难题。

有一次，孟泰如往常一样亲临一线，了解工人们的生产情况。当他到达配矿槽时，只见工人们个个汗如雨下。孟泰很快察觉到，在这样的室温下应该不会出现这种状况，究竟是怎么回事呢？经过一番观察，孟泰发现烧结矿的热量过高，大概在 80℃左右，远远超出了车间温度的标准。在这种高温烘烤的生产线上作业，既影响工人们的身体，又降低工作效率。孟泰心想：这样下去不是办法，一定要设法解决这个困难。

回到办公室后，孟泰把工厂里的技术人员召集起来，共同讨论如何才能改善工人们的工作环境问题。为了更快推出降温方案，孟泰拿起笔在纸上画起草图。讨论过程中，大家集思广益，孟泰手中的草图换了一张又一张，最终确定安装冷却水管线。方案在实施的过程中经住了考验，很快降低了生产线上的温度。困扰工人们的问题得以解决，生产效率明显提高，工人们都说“这可怎么感谢孟厂长啊？”孟泰的回答简单且真诚：“我的任务就是帮助大家排忧解难，无论是生活上还是工作上，大家有问题，随时来找我!”

正如孟泰所说，职工在工作中遇到问题，他会帮忙解决，看到职工生活有困难，他也会伸出援手。说起孟泰帮助厂里职工的故事比比皆是，有人说孟泰像“及时雨”，也有人说他常常“雪中送炭”……

当时，绝大多数家庭中的人口都很多，处于中年的人们都是上有老、下有小，就成了家里的顶梁柱。但很多工人，工作辛苦却收入微薄，以至于家庭生活困难。孟泰身为鞍钢炼铁厂的厂长，尤为重视工人们的生活，经常深入走访那些特困工人家庭。

工人庞兆奎和关永久就是孟泰的帮助对象。在了解了职工困难家庭的情况后，孟泰回到家，动员全家老小，捐献出一部分衣服并且动手翻新，重新做出了5件棉袄，另外还赶制了4双棉鞋。当孟泰拿着准备好的鞋和衣服分别来到两名工人家里的时候，见到的是工人热泪盈眶的脸，听到的是无限感激的话。

三年自然灾害期间，全国上下严重断粮，几乎到了吃不上饭的地步。可是按照当时的情况，工厂不能因为断粮而停工，工人们只能饿着肚子干活。看到职工们硬挺着身板坚持工作，孟泰心里特别难受，于是，他毅然把自家喂养的两头猪贡献出来，为厂里的工人们改善了伙食。

自从当选全国人大代表后，孟泰的工作内容又多了一项，那就是帮助群众反映困难和问题。工作繁忙的时候，孟泰常常工作到深夜，有时候都来不及吃上一口热乎的饭菜，家人劝说让他多休息，他却说自己当选人民代表就要心甘情愿给人民办事，自己少吃几顿饭，晚睡会儿都觉得是值得的。把老百姓反映的事情解决好，才能吃得香睡得美，才配当人民代表。

孟泰的话铿锵有力，彰显出新中国第一代工人阶级的风范。他的言行始终如一，做到了群众眼中的好模范，好领导，好公仆!

## 精神永留存

1958 年 8 月 17 日，“老英雄”孟泰在子女的陪伴下迎来了 60 岁生日。

此后，让孟泰倍感荣耀的事情接踵而至。1959 年 4 月 18 日至 28 日，孟泰出席在北京召开的第二届全国人民代表大会第一次会议。10 月 1 日，孟泰应邀出席国庆宴会，并有幸被安排在周恩来总理身边。10 月 26 日，孟泰参加了全国工业、交通运输、基本建设、财贸社会主义建设先进集体和先进生产者代表大会，并获得了“全国劳动模范”称号。

从受穷受难的苦孩子，到誉满全国的劳动模范，孟泰的人生路坎坷艰难，却始终保持着一颗乐观向上的心。1960 年，由中央新闻纪录电影制片厂负责拍摄的纪录片《第十个春天》，可谓是家喻户晓。影片主要展现的是新中国成立后，祖国各地工农大力发展建设的情景，其中就真实地讲述了全国劳动模范孟泰生活和工作。

3 月 30 日，在这春暖花开的季节，孟泰再次来到北京参加第二届全国人民代表大会第二次会议。会议召开前夕，孟泰受到毛泽东的亲切接见。两人的合影一直被孟泰视为珍贵的留念。在鞍钢，孟泰发明的“孟泰操作法”被人人称赞，他先后 8 次受到毛泽东的接见更是传为美谈。

无论是当一名普通工人，还是升任工厂领导，孟泰始终是大家学习的榜样。五十年代初期，劳模孟泰在工人阶级中的影响力很大，“吃苦耐劳”、“爱厂如家”、“开拓创新”、“关心群众”等精神已经成为了他的标志。人们把这些精神概括为“孟泰精神”，而“孟泰精神”也成了当时工人阶级精神的代名词。

◎孟泰雕像

提起“孟泰精神”，鞍钢人感到骄傲，“学孟泰、爱鞍钢、做主人、创一流”的口号在鞍钢工人们中心口相传。这个口号一传就是几十年，鞍钢工人们说，“孟泰精神”早就在这块土地扎了根。

然而，在工厂与钢铁打了半辈子交道的孟泰，却没能战胜病魔，于1967年9月30日与世长辞。孟泰永远地离开了爱他的亲人，离开了他满心牵挂的工厂。

为了纪念工人们心中的“老英雄”，鞍钢总司在办公楼前树立了一座孟泰塑像。塑像的基座上刻有时任中共中央总书记的胡耀邦的亲笔题词——孟泰精神永放光芒。每位工人经过孟泰的塑像前，都会投去敬仰的目光，在心里激励着自己，要向孟泰学习，继承和发扬“孟泰精神”！

1991年，位于鞍钢股份有限公司炼铁总厂南侧的孟泰纪念馆正式落成。作为鞍钢工人学习老一辈工人阶级模范的重要教育基地，孟泰纪念馆于2007年8月进行重建，并于12月20日正式竣工。新建的孟泰纪念馆占地500平方米，设有四个展区，有包括“毛泽东接见孟泰”、“孟泰研制高炉风口”、“孟泰收集的零件”等35幅珍贵图片等。除此之外，位于辽宁省鞍山市的立山公园也因这位著名的劳动模范、老英雄更名为“孟泰公园”。

奥斯特洛夫斯基说：“人生最美好的，就是在你停止生存时，也还能以你所创造的一切为人们服务。”“老英雄”孟泰走了，但是他的精神将永远地影响着一批又一批的新时期产业工人……

# 纺织行业展红旗——赵梦桃

◎赵梦桃

赵梦桃，女，1935年出生，安徽省宿州市人。1952年5月，西北国棉一厂正式开工，赵梦桃当上了细纱挡车工。1952年5月，在学习“郝建秀工作法”活动中，以最优异的成绩第一个戴上了“郝建秀红围腰”。1953年9月，加入了中国共产党。1956年、1959年先后在全国先进生产者代表大会和全国“群英会”上被授予全国先进生产者称号。2009年9月，赵梦桃被评为“100位新中国成立以来感动中国人物”之一。

## 荣誉来之不易

1935年11月25日，对于安徽省宿州市的一户普通农家庭来说，是一个充满喜气和希望的日子。伴着孩啼的哭声，赵家诞生了一名女婴。赵爸爸看着女儿红彤彤的脸庞，宛若似开非开的桃花，为她取名——赵梦桃。

当时的社会和家庭的条件都不好，赵梦桃一天天长大，人却长得又瘦又小，弱不禁风。她的大哥和小妹也在那样一个兵荒马乱的年代里先后夭折了。父亲为了撑起这个家，只身一人在外面拼命地打工，最后却没能挣出一个安身的地方。

全家人躲在一个废旧的祠堂里度日，每天都要从墙面上的洞口爬进爬出，生活之艰难令人难以启齿。父亲由于积劳成疾，终落下了一身疾病。由于没钱医治，最终含恨而去，剩下孤苦的母女相依为命。随后的日子，赵梦桃曾跟随母亲辗转洛阳等地，过着暗无天日的生活。这样的经历，把赵梦桃历练得坚强而有韧性，“绝不向困难低头”的信念在她幼小的心灵里萌芽，长大。

1951年，赵梦桃16岁。此时的她早已跟随母亲离开家乡，来到陕西生活。那一年，西北国棉一场正在招考培训工，地点就在离赵梦桃家不远的蔡家坡陕棉二厂。招考培训工的消息一经发出，一传十，十传百，引得各家各户的女孩子们结伴往蔡家坡走，不约而同地组成了一条长长的队伍。

浩浩荡荡的报名人员中就包括赵梦桃和她的同学桂云。她们手挽着手，好奇地一边张望，一边说着招工的事情。“你说，工厂招工要是看你不够分量怎么办?”桂云伏在赵梦桃的耳边说道，“看我给你装了什么?”说着，她指指自己衣襟的一角。

赵梦桃顺着桂云手指的地方一看，原来装了整整一兜破碎的瓦片。两人四目相对，忍不住笑出了声。别看赵梦桃外表看起来柔弱，内心却是一个有主心骨，性格坚强的女孩子。她说：“我想做的事情，一定会做到，就算是五头黄牛也拽不住。”

之后，赵梦桃顺利地进入了工厂培训，至于藏在衣襟里的破瓦片是否派上了用场，已经成为了赵梦桃和同学桂云之间的秘密。培训开始后，被招进培训班的人员全部实行集体生活。午饭时间，女孩子们像一只只欢快地小鸟，叽叽喳喳地奔向饭堂盛饭。赵梦桃每次都等大家盛好饭，落座后，才去把剩下的饭菜拨到自己的饭盒里。

这样一群年轻人被安排住到集体宿舍，赵梦桃把位置较好的床铺都让给了陌生的面孔。身材娇小瘦弱的赵梦桃本该是别人的照顾对象，可她却懂事谦虚，处处礼让，给大家留下了深刻的印象。

赵梦桃的一举一动，被负责培训的一位老党员看在眼里，记在心上。培训进行到第三天的时候，决定选出一名组长，赵梦桃成为了最佳人选。当老党员喊道赵梦桃的名字时，她不免好奇地问道："您知道我的名字？""你表现得这么好，我怎有不知道你姓名的道理？"在大家的掌声中，赵梦桃笑着，脸上带着一丝害羞的表情。

经过了一段时间的培训，赵梦桃被安排进入到西北国棉一厂工作。来到工厂的第一天，年轻的赵梦桃就被"唰唰"的机器声迷住了。在老师傅的带领下，赵梦桃来到细纱车间。她看到工人们手中的锭子，左右翻飞，一根根泛着光泽的线仿佛行云流水，这一切让赵梦桃目不暇接。再看工人们从机器旁脚步轻巧地来回穿梭，仿佛是细纱车间里的舞者，织好的每根线都透出那一分分灵动。

"咦？那是什么？"赵梦桃的视线停留在一位女工的腰间，一条火红的腰围正随着轻巧的身躯穿梭在织布机旁，"郝建秀工作者"五个字在红布上更显夺目。很明显，并非车间里的每位工人都佩戴着这样的红围腰。它代表了什么呢？这么耀眼的红色，象征着荣誉？接连不断的疑问从赵梦桃的心中涌现。

经过询问得知，郝建秀是青岛国棉六厂的一名优秀的纺织女工，她在工作上做出了突出的贡献，创造了"郝建秀工作法"，成为了全国纺织女工学习的榜样。所以，全厂职工都以获得绣有"郝建秀工作者"的红围腰为荣，谁能系上它，就表示自己也成为了像郝建秀一样的工作者。

一向好学上进的赵梦桃，目不转睛地盯着那耀眼的"红围腰"，在心里暗暗下定决心：好好干！下苦干！老实干！无论受多少累，流多少汗，都要争得"红围腰"。

西北国棉一厂正式开工后，赵梦桃被分配到细纱车间乙班，当上了一名值车工。她知道要论学得快、干得好自己数不上拔尖儿，于是就利用休息时间多学、多练。其他人巡回都是不紧不慢地，一次需要3至5分钟，她却抓紧一切时间，每次都能在3分钟之内完成，就连去厕所都是一路小跑，从不浪费一分一秒。“好好干！下苦干！老实干！”也成了赵梦桃这个别人眼中“弱女子”的口头禅。人人都说，赵梦桃进了车间，整个人都散发着活力，她那瘦弱的身躯像有使不完的力气。

在学习郝建秀工作法的毕业典礼上，赵梦桃收获了人生中第一次成功。颁奖台上放着艳丽的“红围腰”，可赵梦桃水汪汪的眼睛却瞧也不敢瞧，心里想着自己还有很多地方要提高和学习。其实，谦虚好学的品质，正是她获得荣誉的助推器。典礼会场一片安静，领奖台处喊出了“红围腰”第一位获得者的名字——赵梦桃。

初获殊荣，对于这个十六七岁的穷家女是多么的难得，这是她付出了多于其他人几倍的汗水换来的。此后，赵梦桃刻苦练习，埋头苦干，在不到两年的时间里，练就千锭小时断头只有55根的本领，创造了皮辊花率为0.189%的好成绩，她也因此成为了全国纺织劳模。

## 团结就是力量

赵梦桃，年轻有为，在工厂里工作仅仅两年的时间，先后担任了组长、班长等职务，成绩斐然。1953年8月的一天，她参加了全国纺织系统劳模大会。能与全国的劳模们同坐一席，是赵梦桃梦寐以求的愿望，更让她感到惊喜的是，有幸见到了纺织行业的前辈郝建秀。身为党员又是劳模的郝建秀，为人亲切、热情，所有人都赞扬她对党忠诚、对工作专注负责。

那一刻，赵梦桃陷入了沉思，她不由得想起曾经在厂里听到的女工对自己的看法。因为赵梦桃年起小，而成绩突出，不免引来了一些

◎赵梦桃在工作中

人的质疑，也因为她自顾自地埋头苦干，无形中与其他女工少了交流，拉开了距离。这些带有否定意味的看法，始终是赵梦桃心中的困惑。“问题的确出在我这里”，赵梦桃暗暗地在心里作检讨。她想：虽然自己取得了成绩，但是一个人的进步离不开集体的帮助，团结起来的力量才更大……

1953年9月，赵梦桃光荣地加入了中国共产党。入党后，赵梦桃似乎在一夜之间成熟了许多，她敢于面对别人对自己的非议，并学会了如何处理。面对别人的冰冷态度，她总是笑脸迎人；面对别人的指责，她虚心地接受。赵梦桃改变了独挑大梁的工作作风，而是主动把工作中总结的经验教训和大家分享。如此一来，大家心中的隔阂不见了，误解也消除了，大家亲密得像一家人，甚至以姐妹相称。女工们常常在赵梦桃的身边，说要向她学习，成为一名党员。

对此，赵梦桃谦虚地说：“一个党员不能像我过去那样，只懂得个好好干、下苦干，还要懂得为谁好好干，为什么好好干，怎样好好干才行!”“要一点一滴的学习别人的长处，把它变成集体的财富!”

新中国建立之初，为大力发展建设，开始了第一个五年计划。期间，各个行业勇争先进。赵梦桃和工厂的姐妹们每天都在加班加点地赶做任务。大家使用的机器都是同一款式的纺车，由于使用年头不同，有的已经老旧生锈，启动后还会发出一些奇怪的声响，大家都把这种纺车称为“老虎车”。

车间里，谁见了“老虎车”都躲着走，不愿意用它纺线，怕耽误了任务。赵梦桃却主动提出用“老虎车”，而把使用顺手的纺车让给其他工友。让一次容易，可是坚持十多次，就意味着每一次工作都要付出更多的时间和汗水，才能完成与其他人一样的工作量。赵梦桃却不以为意，每天乐呵呵地工作，她说：“以心贴心，以心换心。不让一个姐妹掉队。”

别看赵梦桃身材瘦小，可干起活来就像是上满了发条的钟表，一刻不停地运转。尽管多次使用“老虎车”工作，可她还是月月超额完成任务。赵梦桃的心里不止想着自己的小组，还喊出“不让周围有一个小组掉队”的口号，并且身体力行。

有一次，赵梦桃经过另一个小组的工作区时，发现工人小吴的细纱车出了故障，粗纱成了一团乱麻，稍有不慎就会连带纺车一起报废。经验不足的小吴急得要掉眼泪，站在车旁不知所措。赵梦桃见状，对小吴说：“不要慌，我来帮你!”

说完，赵梦桃凭借工作经验，先摸清了这台车的运行规律，之后找出发生故障的重点，最后开始一点一点地拆线，捋线，调整操作法……下午骄阳似火，车间里更是闷热无比，赵梦桃汗流浃背却没有停下手中活。整整一天的光景，赵梦桃都是在帮别人调整机器，最终顺利地完成了工作。事后，小吴拉住赵梦桃的手表示感谢。赵梦桃说：“不客气。这机器是死的，人是活的，只要咱们团结一心，什么样的困难都难不倒。”

此后，赵梦桃带领着本小组的女工们连续多年打破每月规定完成的任务量，节约棉花多达 1200 多公斤。组内的 13 个女工也在赵梦桃的带动下充分发挥了自身的长处，成为了厂里的先进生产者。赵梦桃不再是那一支独秀，她觉得，百花争艳才是最美的景致。正如她所希望的“人人当先进，个个争劳模”才是对建设祖国最强大的力量。

## 桃红染尽素锦

工厂壮大的步伐，伴随着赵梦桃的成长。第一次踏进西北国棉一厂的她，还是一张稚嫩青涩的脸庞，如今已是亭亭玉立，俨然一朵正在绽放的美丽桃花。赵梦桃的性格也像那温润的桃花一样，细腻，温和，无论是在工作或是生活中，她总是面带笑容，让人觉得特别亲切。所以，厂里每次分配来的新女工，很快都和她熟识了。

工作几年下来，赵梦桃也算得上是厂里的一名老员工了。在工厂的姐妹眼里，她是一位可以交心的朋友，也像自家的亲人。在赵梦桃的眼里，大家的事就是自己的事，工作上的事要管，生活上的事也要帮。

车间里刚调来一位名叫张秋芬的帮车工，性格孤僻，不愿与其他女工接触，常常遭到排挤。这件事情引起了赵梦桃的关注，她发现在细纱车旁的女工们大多都不愿与张秋芬配合，多少还有些嫌弃她。的确，本就没有文化的张秋芳，心直口快，不小心就说错了话，引得大家对她颇有反感。

可是，赵梦桃通过细心的观察，发现张秋芳虽然不爱笑，倒也是个充满灵性的姑娘，心里一定是藏着什么委屈。为此，赵梦桃经常抽时间到张秋芳的住处看望，和她唠家常，谈工作，逐渐拉近了两人的距离。天凉了，赵梦桃就把自己的厚褥子给张秋芳换上；工作中，让张秋芳当自己的帮车工，毫无保留地交给她工作的经验和技巧。

日子久了，赵梦桃的热情终于感化了这个如冰的姑娘。有一天，张秋芳再也控制不住内心的情绪，当着赵梦桃的面，放声大哭。原来，张秋芳从小家境贫寒，被迫当了陌生人家的童养媳，受尽了虐待，曾经的生活给她的心灵留下了一大片阴影。

赵梦桃对张秋芳充满了同情，带着她来到厂里女工们的面前，讲述了张秋芳的痛苦遭遇。大家纷纷握住张秋芳那双长满老茧的手，“没想到你受了那么多委屈”，“以后咱们都是好姐妹！”接着，赵梦桃说：“咱们不就是一家嘛，旧社会已经过去了，不能再让秋芳受委屈。”

大家团结，共同进步，赵梦桃看在眼里，乐在心头。但是，厂里的女工里，有拔尖儿的，就有落后的，为了帮助车间里的值车工唐赛娟，赵梦桃可算是花了不少工夫。

唐赛娟是从别的地方转过来的，以前没接触过值车工的工作，业务水平低，不但拖延了完成任务的期限，还把原定的计划打乱了。大家又着急又生气，却想不出个解决的办法。赵梦桃得知后，提出“换车”，也就是说让唐赛娟使用自己的纺车。

为此，赵梦桃特意找到生产组长，提出要操作唐赛娟的纺车。组长不解地问道：“你确定要用那个缺少集合器的纺车吗？”没等赵梦桃

◎赵梦桃小组合影

回答，组长提醒道，“俗话说，巧妇难为无米之炊，就算本事再大，使用这个破旧的纺车，恐怕也很难完成当天的计划。”

当时有人劝赵梦桃，不让她和唐赛娟换车，如果那样的话，一连好几年的先进工作者称号就要泡汤了。赵梦桃却说，为国家建设出力，不该计较个人得失。之后她再三找到组长，提出换车的请求，并得到了同意。

换车后，赵梦桃最大的压力就是必须完成当天的工作任务，她双手合十，对自己说“不能辜负组织对我的信任”。从来不向困难低头的她，想尽了一切办法，克服了没有集合器，设备陈旧等困难，于工作当天交出了令人满意的答卷。

后来，赵梦桃主动换车，且取得优异业绩的事情在厂子里传开了，大家纷纷伸出大拇指，夸赞赵梦桃“困难留己、方便让人”的精神。同时，赵梦桃的做法也鼓舞和带动了更多的工人，使大家的思想认识进一步提高，全厂形成了互帮互助，共创辉煌的良好氛围。

其实，那时候赵梦桃才二十多岁，她也有着和同龄人一样的天真烂漫，但她的内心更多的是责任。有人说，为何谁都愿意与赵梦桃交心啊？又为何什么困难在赵梦桃面前都会迎刃而解？其实，赵梦桃正是用自己的真心去对待所有人，像一朵绽放的花蕾，浓郁的芬芳温暖着身边的每个人，用不服输的精神和不懈的努力战胜了所有的困难。

## 红旗迎风飘扬

1956 年 9 月 15 日，优秀党员赵梦桃作为纺织工人的代表，参加了中国共产党第八次全国代表大会。这次大会在北京政协礼堂召开，共有 59 个国家的共产党、工人党、劳动党和人民革命党的代表团以及国内各民主党派和无党派民主人士的代表出席，盛况空前。

此次大会于27日闭幕，最终通过了第二个五年计划的建议和新党章，确定了集中力量发展社会生产力，实现国家工业化，逐步满足人民日益增长的物质和文化需要等主要任务。会后，赵梦桃感慨颇多，更深刻地意识到作为一名共产党员应有的职责，她说："现在，我才体会到要做人民勤务员这句话的意思，这话深得很，深得很！谁要能真懂了这句话，就懂得什么是共产党员了。"

回到厂里后，赵梦桃更是肩挑重担，把全部的精力都放在工作上。1961年，西北国棉一厂细纱车间进行改纺高支纱。纺车经过一番改造，增加了中心牙轮，目的是加强捻度，结果却截然相反，细纱的捻度反而变小，断头出现的次数增多，甚至超出规定指标的一倍。

这让厂里的工人急得像热锅上的蚂蚁，临近评比期，有些人没把心思放在如何解决问题上，反而动起了歪脑筋。他们给测定员端茶倒水，说尽好话，为的是能让测定员高抬贵手，给车间评出一个好成绩。可有赵梦桃在，是坚决不会让这种事情发生的。她斩钉截铁地说："我们做事要光明磊落，要让检测员测全、测透，只测中纱是不标准的，那部分断头最少。"赵梦桃的话一出口，让那些想要投机取巧的人顿觉无地自容。

正是因为赵梦桃的一再坚持，保证了检测的公正、公开。当然，这么做的结果是组里没能获得红旗。为此，年纪稍轻的女工有些沮丧，赵梦桃教导她们说："无论是做人，还是做事，我们都要实事求是，要得真红旗，不要假荣誉！"赵梦桃实事求是的精神影响了身边的女工，很好地起到了党员带头的作用。

随着纺织行业的不断进步，棉布质量的要求也随之提高，布面上不能再出现粗细节疵点。为了减少细纱工序中条干不均的现象，赵梦桃特意阅读了相关书籍。哪些知识点不清楚，她就记下来，有时候会针对一个问题钻研到深夜。经验技巧方面的问题，赵梦桃就挨个往车间跑，找到老师傅虚心请教问题。老师傅一看，惊喜地说，小赵是全国劳模，能够如此虚心，真难得啊！

功夫不负有心人，一段时间后，赵梦桃创造出了一整套科学有效的操作法，名为“巡回清洁检查操作法”。这种操作法，可以把断头出现的次数减少到三分之一，粗细节出现的坏纱减少约70%。它不但填补了“郝建秀工作法”的空缺，使高棉纱条干均匀度质量得到了保障，还使细纱车的清洁度可达百分之百。

“巡回清洁检查操作法”在实践中收到的良好效果，得到了陕西省纺织工业局的重视，并很快加以推广。1963年初，《陕西日报》特别就此事进行报道，加大了推广面，全国各地的纺织厂纷纷学习和使用，使得全国纺织行业向前迈了一大步。

参加工作已十年之久的赵梦桃，始终如一，在工作岗位上勤勤恳恳，为工厂乃至全国纺织行业做出了很大贡献。这十年中，她先后受到表彰多达41次，参加的党和国家召开的大型会议及活动数不胜数。如此年轻，就能取得这样的成绩实在是令人羡慕。然而，在荣誉面前，赵梦桃从来没有飘飘然，她常把这句话挂在嘴边——“我能取得这些成绩，都是党的培养、群众关心支持的结果，别把功劳算在我个人的头上。”

的确，工作多年，赵梦桃的初衷没有变，她是小组里的领头人，却不把功劳揽于一身。赵梦桃小组人员在她的影响下，人人争先进，个个往上冲，获得了“赵梦桃小组”的称号，并且被评为全国先进集体。

在鲜花和掌声中，赵梦桃将“优秀的共产党员、模范的共产党员、先进工人的典范”等一系列光鲜亮丽的称号集于一身，她发誓要继续努力，创造出更好的业绩。但是，她的这个心愿却成了她一生的遗憾。

原来，赵梦桃曾因肺部患病住进医院，经过手术治疗后，身体得以恢复。谁知，正当她加足马力，准备冲向事业的又一个高峰的时候，却无奈举步维艰。原先的病根再次复发，更加严重的是，这次的病无

◎赵梦桃雕像

法挽救。

住院期间，赵梦桃依然惦念着厂里的姐妹和任务的进度，经常向前来探望的人打听厂里的事。厂里派人照顾，她却委婉地拒绝了，说自己能行，千万不要为她耽误了厂里的工作。赵梦桃的工友们知道，她天性乐观，眼里没有困难，就是在病魔面前也同样如此。再次经历手术之后，赵梦桃就提出自己倒水、洗脸，有时还向其他住院的病人伸出援手。

1963 年 6 月 23 日，灿烂的阳光没能阻止噩耗的来临，赵梦桃最终因肺癌病逝，走完了 28 年的岁月。回想起与赵梦桃相处的日子，小组的姐妹们失声痛哭。她们记得，赵梦桃生前曾说："党给我们的荣誉，是党交给我们的任务，现在我们肩上的担子更重了。我相信，全组同志一定会团结得像一个人一样，每时每刻都听党的话。我要和全组全厂同志一起，像雷锋同志那样，用共产主义的革命精神为党工作，永远不骄傲，不自满，再接再厉，做坚强的突击队的旗手，把这面红旗不歇气，不换肩，稳稳地扛到共产主义去！"

赵梦桃小组的女工们没有辜负她的期愿，接过了那面象征奋进和荣誉的红旗，从 1952 年至今，成绩突出，获奖无数，延续了赵梦桃"高标准、严要求、行动快、工作实、抢困难、送方便"的"梦桃精神"和"不让一个伙伴掉队"的高尚品质。

时代变迁，纺织车间已变得高大敞亮，"唰唰"的织布声不绝于耳。工作在纺织行业的人们始终以赵梦桃为学习的榜样，继承和发扬着"梦桃精神"。赵梦桃，被誉为纺织行业的一面旗帜，她的精神更已化作永不退色的红旗，迎风飘扬。

# 参考文献

1.汝信. 中国工人阶级大百科. 北京：中国国际出版社，1992

2.高明岐、黄耀道. 中国职工劳模列传. 北京：工人出版社，1985

3.《党建》杂志社. 追寻永恒：共和国英模的昨天和今天. 北京：学习出版社，1997

4.马晓敏. 青少年受益一生的感恩故事. 北京：北京工业大学出版社，2011

5.马津力等. 天津人民广播电台获奖作品选. 天津：天津人民广播电台，2002

6.中共辽宁省委党史研究室. 先锋颂：辽宁优秀共产党员风采录. 吉林：辽宁人民出版社，2006

7.疏影. 英杰今昔. 成都：四川人民出版社，1996

8.周丹、陈磊. 感动中国：英雄英友启示录. 成都：四川少年儿童出版社，2006

9.马自天. 人生楷模：时传祥. 石家庄：河北人民出版社，1996

10.南省人民政府新闻办公室. 魅力河南. 北京：五洲传播出版社，2003

11.程杰. 时代强音当代优秀共产党员名言录. 北京：中国言实出版社，2005

12.《铁人王进喜》编委会. 铁人王进喜. 哈尔滨：黑龙江人民出版社，2009

13.共青团广州市委员会. 学习向秀丽的崇高品质. 广东：广州文化出版社，1959

14.信仰的丰碑：百年英模荟萃. 济南：黄河出版社，2002

15.刘新平. 金牌工人许振超. 北京：中国工人出版社，2004

16.山东精神山东人编委会. 山东精神山东人. 济南：山东画报出版社，2008

17.董善元. 张秉贵柜台生涯五十年. 北京：工人出版社，1986

18.魏钢焰. 党的好女儿赵梦桃. 北京：东风文艺出版社，1963

19.李振民. 陕西近现代名人录. 西安：西北大学出版社，1988

20.共青团陕西省委员会、陕西省文物事业管理局. 伟业胜迹——陕西革命纪念地介绍. 1991